QUERER COMO
LAS LOCAS

EDITORIAL CÁNTICO

COLECCIÓN · CULPABLES

DIRIGIDA POR RODRIGO GARCÍA MARINA

cantico.es · @canticoed

© Jesús Pascual, 2023
© Editorial Almuzara S. L., 2023
Editorial Cántico
Parque Logístico de Córdoba
Carretera de Palma del Río, km. 4
14005 Córdoba
© Diseño de cubierta: Dani Vera, 2023
© Fotografía de autor: Jesús Pascual, 2023

ISBN: 978-84-19387-62-2
Depósito legal: CO 1365-2023

Impresión y encuadernación:
Imprenta Luque S.L.

JESÚS PASCUAL

QUERER COMO LAS LOCAS

PASIONES MARICAS OCULTAS EN LA COPLA DE
RAFAEL DE LEÓN

I PREMIO DE TEORÍAS QUEER Y CRIP
SONIA RESCALVO ZAFRA

EDITORIAL CÁNTICO
COLECCIÓN · CULPABLES

SOBRE EL AUTOR

Jesús Pascual (Alcalá de Guadaíra, 1997) escribe bastante pero nunca ha publicado. Entre otras cosas, porque lo que escribe son guiones cinematográficos; hacer cine suele ser caro, pero espera poder rodarlos pronto. Tiene experiencia en el documental: ha dirigido el cortometraje *Mi arma* (2019) y el largometraje *¡Dolores, guapa!* (2022), premio a la mejor película de la sección Panorama Andaluz en el Festival de Cine Europeo de Sevilla, y nominada a los Premios Feroz y los Premios Carmen. Cursó el máster en Historia del Arte Contemporáneo y Cultura Visual organizado por el Museo Reina Sofía, la UAM y la UCM.

A mi abuela Consuelo, mi abuela Esperanza y mi abuela Lina.
Y a todas mis otras abuelas.

Todas ellas me enseñaron a querer.

INTRODUCCIÓN

Conocí a Antonio en el año 2020 en Sevilla. Mi amigo Rafa participaba como voluntario en un programa de acompañamiento a personas mayores y, al inscribirse, pidió que le asignaran a una señora, con quien probablemente tendría más afinidad que con un señor. En la asociación le hablaron de Antonio: vivía por la calle San Luis, tenía ochenta y siete años y había especificado que le mandaran «a una niña o a un mariquita»; él tampoco quería vérselas con ningún hombre. Era natural de La Palma del Condado pero llevaba afincado en Sevilla desde que cumplió los diecinueve. De joven lo llamaban «la Palomita».

Los dos se entendieron enseguida. De cada visita, Rafa volvía con una recopilación de anécdotas de juventud, chistes verdes, y descripciones de los vinilos, cartas y fotografías[1] que Antonio le había enseñado. Todo eso lo compartía con su grupo de amigas, en el que estaba yo.

---

[1] Las imágenes que ilustran este trabajo pertenecen todas al álbum personal de Antonio. Durante nuestra entrevista, él mismo las iba enseñando a cámara.

Rafa también le hablaba a Antonio de nosotras y, en poco tiempo, la curiosidad y el interés de ambas partes resultó en que Rafa nos fuera llevando a conocer a la Palomita.

Yo nunca antes había tratado con un maricón anciano. Había leído sobre hombres homosexuales de otras épocas —la mayoría de ellos, personajes notorios— y había visto en documentales, programas de televisión o algún vídeo de YouTube los testimonios de varios activistas históricos, sí. Pero nunca había estado cara a cara con un maricón que tuviera cerca de noventa años. Cuando Rafa nos presentó y le dijo a Antonio mi nombre, él contestó: «Jesusito de mi vida, eres niño como yo, por eso te quiero

---

* Sobre la imagen: retrato de Antonio alrededor de los veinte años.

tanto y te doy mi corazón». De pequeño, eso me lo decía mi abuela. «Pues ahora te lo dice tu otra abuela», me dijo.

Antonio nos hablaba de sus amigas de juventud —otros mariquitas con los que vivía, trabajaba y organizaba fiestas en las que se travestían—, de las excursiones que hacían al río, de citas clandestinas con hombres casados, de su devoción por la Macarena y, sobre todo, de Joaquín —«mi Joaqui»—, el hombre con el que estuvo casi sesenta años. Antonio hilaba sus recuerdos felices con alusiones constantes a dos acontecimientos traumáticos: la especulación inmobiliaria motivó el desahucio de ambos de la casa que habían compartido toda la vida; poco después, Joaquín falleció. Nunca llegaron a casarse y Antonio, que trabajó mucho pero apenas cotizó, se quedó con una pensión mínima. Ahora, salía adelante con la colaboración de varias asociaciones y de algunos vecinos que lo conocían desde hacía años. La casa a la que nosotras íbamos a verlo era una vivienda de protección oficial. Vivía solo, sin apenas poder levantarse de la silla de ruedas. Siempre que le hacíamos una visita, eso sí, nos ofrecía cerveza y aceitunas y nos decía que algún día prepararía un buen potaje y nos invitaría a almorzar. Antonio pasaba del chiste al llanto, de detalles sobre su vida sexual con Joaquín al relato de cómo le comunicaron su muerte, de los piropos que sus vecinos le echaban cuando se paseaba de joven por el barrio a la conciencia de su cuerpo débil, envejecido, casi sin dientes.

No tenía ningún reparo en compartir con mis amigas y conmigo detalles de su intimidad; nosotras le preguntábamos cómo ligaban los maricones en sus tiempos, dónde y cómo se citaban con sus amantes, qué ocurría en esos encuentros. Y él nos hablaba sin ningún pudor. A veces aportaba pruebas adornando su relato con fotografías en las que aparecían sus queridos, algunas de ellas con dedicatoria. Por otra parte, Antonio compartía con mi grupo de amigas y conmigo la afición por la copla. Nos contaba que a lo largo de su vida había visto a muchas folclóricas en el teatro, que se había cruzado con Juanita Reina más de una vez por el barrio; e incluso, de vez en cuando, se atrevía a entonarnos alguna letrilla. Ya no tenía voz y le fallaba un poco la memoria, pero aseguraba que de joven se sabía todas las coplas y que las cantaba mucho y bien. Se las aprendía escuchándolas por la radio y las repetía en el trabajo, en casa haciendo las faenas, con sus amigas cuando se juntaban.

Las letras de las coplas que Antonio recordaba y los relatos de sus romances de juventud empezaron poco a poco a entrelazarse en mi imaginación. Toda esa información planteaba una manera de entender y vivir el género, la sexualidad, el deseo y los afectos que difería bastante de la que mis amigas y yo habíamos conocido y practicado hasta entonces. Todo un marco epistemológico desde el que revisar las historias de aquellas canciones que Antonio había cantado al mismo tiempo que vivía sus amores y desamores. Canciones que lo dotaron de una estructura sentimental en la que poder apoyarse para conformar y comprender la experiencia amorosa propia. Leídas desde ese prisma, las coplas revelaban multitud de significados inéditos, las vidas de sus protagonistas se convertían por momentos en las vidas de Antonio, aquella que ocurrió y aquellas otras que pudieron haber ocurrido.

La motivación principal de este trabajo surge de esta revelación. Quiero acercarme a Antonio, la Palomita, y a todas *mis otras abuelas* posibles; utilizar las letras de la copla como un yacimiento arqueológico del que poder desenterrar muestras de cómo sintieron, cómo amaron y cómo sufrieron muchos otros maricones que me prece-

den. Revisar estas canciones en los términos que propone Adrienne Rich: «La re-visión —el acto de mirar hacia atrás, de ver con ojos nuevos, de adentrarse en un viejo texto desde una nueva dirección crítica— es para nosotras más que un capítulo en la historia cultural: es un acto de supervivencia»[2].

2 Adrienne Rich, «When We Dead Awaken: Writing as Re-Vision», *College English*, 34, no. 1 (1972), 18 https://doi.org/10.2307/375215. (Consultado el 18 de agosto de 2022). Traducción propia.

* Sobre la imagen: reverso de un retrato de Antonio con una dedicatoria escrita por él mismo para un amigo de la mili: «Para mi mejor amigo Muñoz. Cariñosamente de su mejor amigo Antonio Millán». En el sello se lee: «Foto Bellido. Reportajes gráficos. La Palma»

En este ensayo, parto de la historia de vida de Antonio[3] para, en conjunción con un análisis textual de letras de

_____

3 Antonio falleció el 20 de febrero de 2022. Para entonces, yo ya había planteado esta investigación pero no había llegado a entrevistarlo específicamente para ella. Tuve que recurrir, por tanto, a otra entrevista que le hice para un proyecto anterior, el largometraje documental ¡Dolores, guapa!, que dirigí en 2021. La película explora la presencia histórica del mariquita en el ámbito de la Semana Santa sevillana y, por consiguiente, cuando realicé esa entrevista a Antonio, insistí en cuestiones afines a esa temática. No obstante, la copla y, lo que es más importante, la historia de vida de Antonio, aparecen sin duda en ella. He añadido la transcripción íntegra de esta entrevista como anexo en este libro.

* Sobre la imagen: fotografía de Lola Flores que guardaba Antonio; incluye una dedicatoria: «Con simpatía, Lola Flores»

coplas de Rafael de León, poder abordar algunos aspectos de la identidad marica en el contexto de la Andalucía franquista, en especial, aquellos relacionados con el amor y el deseo. Para llegar ahí, es necesario antes comprender qué significaba ser mariquita en la época en la que Antonio fue joven, cuáles eran las bases que conformaban el modelo mediante el que tanto él como el resto de la sociedad a la que pertenecía entendían ciertas cuestiones vinculadas a la sexualidad y el género.

Por tanto, he planteado mi investigación dividiendo su estructura en dos grandes bloques, titulados como las partes de una copla. En la primera estrofa, me sirvo de la antropología para acercarme a la figura del mariquita andaluz durante los años de la dictadura franquista. Para ello, me ha resultado tremendamente valioso el artículo «Globalización y diversidad sexual, gays y mariquitas en Andalucía»[4], de Rafael Cáceres Feria y José María Valcuende del Río, en el que se recogen las características definitorias de esta figura y se repasan las funciones públicas que tenía reservadas dentro de las comunidades locales. Asimismo, a partir del artículo de Javier Fernández Galeano «Mariquitas, 'Marvellous Race Created by God': The Judicial Prosecution of Homosexuality in Francoist Andalusia, 1955-70»[5], planteo la cuestión de la utilidad como factor clave para comprender la mayor visibilidad del hombre afeminado en este contexto.

---

4 Rafael Cáceres Feria et al., «Globalización y diversidad sexual, gays y mariquitas en Andalucía,» *Gazeta de Antropología* 30, no. 3 (2014), http://www.gazeta-antropologia.es/?p=4621. (Consultado el 5 de julio de 2022)

5 Javier Fernández Galeano, «Mariquitas, 'Marvellous Race Created by God': The Judicial Prosecution of Homosexuality in Francoist Andalusia, 1955-70,» *Journal of Contemporary History* 57, no. 3 (2022), https://doi.org/10.1177/00220094221099858. (Consultado el 13 de junio de 2022)

En la segunda estrofa, exploro la intimidad de la Palomita, su vivencia de los afectos y el deseo. Para ello,
me apoyo en un análisis propio de las coplas escritas por
Rafael de León, estableciendo un diálogo entre ellas y
las historias de Antonio. La copla fue la música popular por antonomasia en la España de los cuarenta y los
cincuenta y el poeta Rafael de León formó parte del trío
que estableció su fórmula canónica, junto al coreógrafo
—también letrista— Antonio Quintero y el compositor
Manuel Quiroga[6]. Para el análisis de las letras, me ha resultado orientativo el artículo de Juan Carlos García Piedra «Género gramatical y género erótico en la poesía de
Rafael de León»[7]; en él, se analizan poemas de León que,
en principio, no fueron escritos para ser cantados, buscando las marcas del deseo homoerótico que desaparecie-
ron cuando, décadas después, estos se musicaron para ser
interpretados por mujeres. Igualmente crucial a la hora
de definir mi enfoque ha sido la investigación llevada a
cabo por la catedrática Stephanie Sieburth, plasmada en
el libro *Coplas para sobrevivir: Conchita Piquer, los vencidos
y la represión franquista*[8], en el que la autora se basa en la
psicología clínica y en la terapia de artes creativas para
identificar cómo los vencidos de la Guerra Civil pudieron elaborar clandestinamente el duelo al cantar estas

---

6 Aunque a menudo pasada por alto, también fue crucial la aportación
de las intérpretes —mujeres la mayoría— a la hora de sentar las bases del
género. Conchita Piquer, Juanita Reina, Imperio Argentina, Estrellita
Castro o Miguel de Molina son algunos de sus nombres.

7 Juan Carlos García Piedra, «Género gramatical y género erótico en la
poesía de Rafael de León,» *Scriptura*, no. 19 (2008), https://raco.cat/index.
php/Scriptura/article/view/189159. (Consulado el 8 de junio de 2022)

8 Stephanie Sieburth, *Coplas para sobrevivir. Conchita Piquer, los vencidos
y la represión franquista* (Madrid: Ediciones Cátedra, 2016).

canciones a coro con Concha Piquer en la radio. Aunque no conecta —al menos en profundidad— con los maricas, sí lo hace con la disidencia política, indagando en el fenómeno de reapropiación de textos oficiales de la cultura popular y la resignificación por parte de personas en los márgenes, que se los agenciaban para sus propia vidas, sus propios amores. Sí escriben acerca de la conexión entre copla y homosexualidad Alberto Mira en el apartado «La copla, o la vida secreta de las emociones» de su libro *De Sodoma a Chueca. Una historia cultural de la homosexualidad en España en el siglo XX*[9] o Lidia García García en el capítulo «El que lo prueba repite» de *¡Ay, campaneras! Canciones para seguir adelante*[10]. Por último, quisiera indicar que la mayor parte del corpus que analizo en este ensayo la he extraído de la antología editada por Josefa Acosta Díaz, Manuel José Gómez Lara y Jorge Jiménez Barrientos, *Poemas y canciones de Rafael de León*[11].

A lo largo tanto de la primera como de la segunda estrofa va apareciendo un tercer bloque de significación, que es la propia historia de vida de Antonio. Al utilizarla, no pretendo dar pie a una generalización —es evidente que no todos los homosexuales andaluces coetáneos a Antonio comparten su misma experiencia—; sino más bien poner en valor su memoria, propuesta como un relicario de amores y deseos, capaz de prender una chispa, de señalar posibles caminos, de invitar a nuevas investigaciones. Su historia es significativa en sí misma,

---

9 Alberto Mira, *De Sodoma a Chueca. Una historia cultural de la homosexualidad en España en el siglo XX* (Barcelona: Editorial Egales, 2007).

10 Lidia García García, *¡Ay, campaneras! Canciones para seguir adelante* (Barcelona: Plan B, 2022).

11 Josefa Acosta Díaz et al. (eds.), *Poemas y canciones de Rafael de León* (Sevilla: Ediciones Alfar, 1997).

contarla nos permite entender un mundo de afectos cuya interpretación complementan el repaso por las funciones comunitarias del mariquita andaluz y, sobre todo, el análisis de las coplas.

Esta es la principal aportación de este trabajo: alumbrar las letras y poemas de León con la historia de vida de un mariquita andaluz anónimo; y viceversa: arrojar luz sobre la intimidad —tan difícil de explorar— del mariquita andaluz utilizando la copla como herramienta.

PRIMERA ESTROFA

MARIQUITA ÚTIL, MARIQUITA VISIBLE: EL MODELO DEL MARIQUITA ANDALUZ

Llegados a este punto, conviene hacer una puntualización. Para agilizar la lectura, a lo largo de este trabajo estoy utilizando los términos «homosexualidad» y «homosexual» para referirme a la realidad de un conjunto de la población —en este caso, habitante del Estado español y dotada con un cuerpo que se lee, al menos en principio, como «de hombre»— que ha experimentado, de alguna manera, la disidencia sexual o de género. No obstante, como comprobaremos más adelante, conviene problematizar estos conceptos, impugnando en ellos cualquier asunción de universalidad.

Alberto Mira sostiene que la homosexualidad «no se trata de "un modo de ser" [...], sino de un modo de percibir [...] determinados comportamientos, caracterizado sobre todo por una profunda desconfianza y que tiene un impacto innegable, tanto en aquellos a quienes concierne directamente la etiqueta como en el resto de la sociedad». No existe un rasgo común esencial y permanente que una a todos los homosexuales, aunque eso no quiere decir que estos no sean estudiables como grupo. «Sin duda, los intentos de reprimir determinadas expresiones en determinados individuos generan respuestas: todo acto de poder genera resistencia». Este es el único rasgo común de los «homosexuales» de todas las épocas: responder a las presiones del estereotipo. Porque «si bien el homosexual no "es" nada, lo que es innegable es que "es representado"»[12].

Empleando otros términos como «marica», «mariquita», «maricón» o «afeminado», pretendo enfatizar la cuestión de la transgresión de género o aludir directamente al sujeto principal del modelo local andaluz que desarrollaremos a continuación.

De los detalles de su juventud que Antonio, la Palomita de San Gil, compartía con mi amigo Rafa —y que este más tarde nos transmitía a las demás amigas—, había varios que nos llamaban especialmente la atención. Antonio hablaba constantemente de Joaquín, el hombre con el que había compartido su vida durante casi sesenta años. Si Rafa alguna vez se refería a ellos como una pareja de mariquitas, a Antonio se le cambiaba el gesto y rápidamente aclaraba: «Mi Joaqui no era mariquita». Nos confundía mucho su firmeza aquí. Al principio, pensamos que podría tratarse de una estrategia de encubrimiento. Alguna de nosotras tenía en su familia el caso de dos mujeres, un par de décadas más jóvenes que Antonio, que habían vivido juntas siempre y habían presentado su relación como una amistad de cara a la galería, aunque todo el mundo intuyera que existía algo más. Pero no parecía que Anto-

---

12 Mira, *De Sodoma a Chueca*, 17-21.

nio estuviera intentando ocultarnos nada. Para empezar, porque él sí se refería a sí mismo como mariquita, pero también —sobre todo—, porque nos confiaba más de una intimidad de pareja sin ningún pudor.

El error estaba en la base de nuestra aproximación: el paradigma por el que nosotras entendíamos sexualidad y género no era el mismo que el de Antonio.

En su artículo «Globalización y diversidad sexual, gays y mariquitas en Andalucía», Cáceres Feria y Valcuende del Río abordan la expansión de determinados modelos de homosexualidad masculina a causa de la globalización e investigan las nuevas realidades híbridas que surgen del choque entre este modelo gay uniformado con otro modelos locales. Poniendo como ejemplo el caso andaluz, los autores sostienen que en ese contexto la figura del mariquita suponía todo un paradigma local, anterior al *global queering*[13], en base al que se comprendían y asimilaban ciertas cuestiones relacionadas con la sexualidad y el género. En este modelo, la construcción de la identidad sexual está automáticamente ligada a la expresión de género. Continuando la tradición de la cultura mediterránea, el homosexual aquí es primero —quizá, ante todo— un hombre afeminado. Además, como ocurre en muchas otras sociedades —Omán, Brasil, Nicaragua, Perú, Marruecos...—, en casos de relaciones sexuales entre hombres, solo se considera homosexual a aquel que asume el rol pasivo[14]. Por tanto, encontramos aquí dos

---

13 En 1996, Dennis Altman denominó *global queering* al proceso de expansión internacional del modelo de homosexualidad occidental *post Stonewall*. Véase Dennis Altman, «On Global Queering,» *Australian Humanities Review*, no. 2 (1996), http://australianhumanities review.org/1996/07/01/on-global-queering/#2. (Consultado el 4 de julio de 2022)

14 Cáceres Feria et al., «Globalización y diversidad...,», s/p.

características axiales: el mariquita andaluz se intersecta con las ideas de cuerpo afeminado y cuerpo penetrable.

La transgresión de género que supone el afeminamiento es uno de los rasgos que unifica las homosexualidades de numerosas culturas y que diferencia las denominadas «sexualidades tradicionales» del modelo imperante en la sociedad occidental contemporánea —derivado de la evolución occidental del siglo XIX y que, para los años noventa, ya parecía notablemente asimilado en España—, mucho más determinado por la centralidad de las relaciones sexuales, la afectividad y, principalmente, el deseo[15].

Mis amigas y yo no concebíamos que en el relato de Antonio sobre su relación con Joaquín —el relato de una relación romántico-sexual *entre dos hombres*— no se identificara a uno de los dos como mariquita. Sin embargo, Antonio encontraba diferencias incontestables, casi de orden natural para él: él *era* pasivo y Joaquín *era* activo; él tenía pluma, Joaquín no; él era un mariquita, Joaquín era un hombre, un «tío», un «macho». Al preguntarle las diferencias entre un mariquita y un macho, la Palomita (Antonio) responde así:

> ¡Es que me dices unas comparaciones! [...] Al macho no le gusta que le den por detrás ni por delante, aunque al mariquita le gusta que le den por todos los lados, digo yo. [...] La ropa de los mariquitas siempre ha sido más llamativa, ¿no? Pero vamos, los movimientos del cuerpo, varían los del mariquita al tío, al macho. [...] En mi época se decía ademanes. [...] ¿El que era maricón? Por los andares. [...] Ancho de espalda y estrecho de culo, maricón seguro[16].

---

15 Cáceres Feria et al., «Globalización y diversidad...,», s/p.

16 Antonio Millán Pérez (la Palomita de San Gil), en conversación con el autor, 4 de julio de 2021. Transcripción disponible en el Anexo. De aquí en adelante, citaremos esta misma conversación de forma abreviada.

Antonio refrenda: el mariquita andaluz, cuerpo afeminado y cuerpo penetrable. Pero él también se percata de que algo extraño ocurre en nuestra comunicación, utilizamos las mismas palabras pero no nos referimos exactamente a lo mismo: «Es que han variado tanto todas las cosas que yo ya..., yo me hago un lío con las cosas, yo ya no sé si soy mariquita o soy un extraterrestre»[17].

---

17 Millán Pérez, en conversación con el autor.

FUNCIONES PÚBLICAS

A ojos de Cáceres Feria y Valcuende del Río, lo interesante del modelo andaluz es que, en él, las personas que no respondían a los cánones de masculinidad dominante —en los casos en los que esto era lo esperado— tenían reservadas ciertas funciones muy marcadas en diferentes ámbitos. Precisamente por su mayor presencia en contextos públicos, ejerciendo tareas mediante las que podían alcanzar, incluso, cierto reconocimiento social, pudieron acceder a una vida más visible.

Para los autores, el mariquita andaluz vendría a encarnar la visión estereotipada que desde el resto de España —también desde el propio sur, podríamos añadir— se ejerce sobre Andalucía: estética popular, religiosidad y humor o carácter festivo[18]. Bajo estas claves, profundizaremos en el ámbito laboral, el religioso y en la cuestión del humor y el chiste, respectivamente, para explicar las funciones que le estaban reservadas al mariquita en este modelo. Justamente, en nuestra entrevista, Antonio nos cuenta un chiste en el que confluyen estos tres elementos:

---

18 Cáceres Feria et al., «Globalización y diversidad...,» s/p.

¿Tú sabes el chiste ese? [...] Un mariquita que no tenía trabajo y lo buscaron para sacar al Cachorro, de costalero. Y se metió el mariquita debajo del paso —fíjate que sale de Chapina— y el mariquita dice: «¡Oy! Aquí me meto yo, con los costaleros. ¡Qué buen olor a macho!». [...] Y cuando llegan al Puente de Triana se levantan los faldones para arriba y dice el mariquita [asfixiado]: «¿Qué Cristo es este?». Le dice uno que estaba a la vera de él en el puente: «El Cachorro». Y dice: «¡Pues cuando sea padre lo va a sacar su puñetera madre!»[19].

COSER PARA LA CALLE

El mariquita es delicado. En el chiste que nos cuenta Antonio, además del golpe final, resulta cómico el planteamiento: un mariquita que, fruto de la desesperación por no encontrar empleo, accede a trabajar como costalero[20]. El chiste es divertido porque la sola idea del mariquita desempeñando esta actividad resulta anormal; no es su sitio, y esto hace intuir un final cómico que llega cuando, apenas comenzada la procesión[21], el mariquita

---

19 Millán Pérez, en conversación con el autor.

20 En la Semana Santa de Sevilla, los costaleros son los encargados de mover los pasos cargándolos sobre sus cervices. A día de hoy, es una labor que se lleva a cabo de manera altruista por algunos hermanos de la cofradía, pero hasta la década de los setenta del siglo pasado, se trataba de un trabajo asalariado. Las cuadrillas, incluso en la actualidad, están compuestas exclusivamente por hombres, y el esfuerzo físico que requiere la tarea genera toda una retórica de alabanza a la masculinidad hegemónica, entendida en términos de fuerza física.

21 Este matiz puede pasar inadvertido puesto que las referencias en el chiste son bastante localistas: la procesión de la que habla Antonio sale desde una zona cercana a la plaza de Chapina, en el barrio de Triana, y tiene, por tanto, que cruzar el puente para llegar a la catedral. Para el momento en el que la cofradía alcanza el paso del río aún queda prácticamente todo

se queja. Además, se incluye un comentario que caricaturiza al mariquita como una suerte de depredador de hombres heterosexuales[22]. Resulta llamativo que, cuando nos cuenta este chiste, Antonio agudiza su propia voz y exagera su pluma para reproducir las palabras del protagonista de la historia.

En el ámbito laboral, las faenas relegadas al mariquita eran trabajos de autónomo, vinculados, en cierta medida, a espacios o tareas considerados femeninos. El engalanamiento de los hogares —encalar, empapelar, limpiar, pintar...— resultaba una tarea idónea para un cuerpo al que se le presuponía la destreza física del hombre y la atención al detalle de la mujer; el artista José Pérez Ocaña, por ejemplo, se dedicó a esto buena parte de su vida[23]. Igualmente era común dedicarse a la costura por encargo; tanto es así que, en muchas zonas de Andalucía, decir de alguien que «cose para la calle» es decir que es maricón. Antonio y algunos de sus amigos desempeñaron ambas ocupaciones durante su juventud en Sevilla:

> Yo me vine aquí a trabajar con diecinueve años a Sevilla. [...] Me vine yo a pintar una tasca que había en Duque de Cornejo, una taberna. [...] ¡Yo conocí a unos pocos [mariquitas

---

el recorrido por delante. Que el mariquita se queje ya ahí denota su poco aguante. Antonio es consciente de la comicidad de este detalle y lo recalca.

22 En la misma línea de la aclaración que hice párrafos atrás, también es necesario aquí no asumir los términos «heterosexualidad» o «heterosexual» bajo los mismo parámetros con los que se entienden en la actualidad. Como veremos, estos «hombres heterosexuales» podían tener relaciones sexuales con «hombres homosexuales» y seguir manteniendo tranquilamente su estatus.

23 Guillermo Soler Summers, «Ocaña expondrá en Palma. "Cambio de atuendo por naturaleza",» *Diario de Mallorca* (Palma), 9 de diciembre de 1978.

pintores]! [...] La Gran Señora[24] se metió a pintor. Era modisto, pero [...] hace sesenta años [...] se trabajaba muchas horas y se ganaba muy poco. Y costura no había siempre. [...] Y yo no sé lo que ganábamos pintando. Ganábamos cinco pesetas o siete cincuenta, ya ni me acuerdo de eso. [...] Si había que poner azulejos, si había que empapelar, empapelaba. [...] Yo me hice mi tarjeta también de pintor y empapelador, pero entonces no teníamos ni teléfono, el teléfono de un vecino que nos lo dejaba. [...] Yo, menos robar, he hecho de todo[25].

Al preguntarle por algún amigo mariquita que no trabajara pintando casas o cosiendo para la calle, Antonio menciona a su amigo Vicente. En realidad, lo que diferenciaba a Vicente del resto es que él sí trabajaba para una empresa, Confecciones Semengar, dedicada igualmente al sector textil[26]. En la fábrica —situada, como recuerda Antonio, frente al río, en la calle Torneo—, las mujeres —«las niñas»— confeccionaban y preparaban las prendas; ellos —«los señores»— eran los encargados de supervisar su trabajo. Solo «algunos hombres, muy pocos», se dedicaban a tareas como el corte y el planchado[27]. Uno de esos hombres era Vicente.

---

24 Uno de los mejores amigos de juventud de Antonio, también mariquita. Llegaron a compartir vivienda. Lo llamaban la Gran Señora porque medía cerca de dos metros. Antonio nunca lo llama por otro nombre durante nuestra conversación.

25 Millán Pérez, en conversación con el autor.

26 Millán Pérez, en conversación con el autor.

27 Xenia García, en su blog personal, parte de los recuerdos de su madre, trabajadora de Semengar en la década de los sesenta, para armar un relato acerca de cómo debía ser el ambiente cotidiano en la fábrica, haciendo hincapié en la cuestión de género. Igualmente interesante resultan algunos comentarios publicados como respuesta a la entrada, en los que otros antiguos trabajadores de la empresa aportan más datos. Véase Xenia García, «Caprichos del destino y otras casualidades», *Tantas palabras, y tan poco tiempo* (blog), publicado el 9 de septiembre de 2013, consultado el 20 de julio de 2022, http://www.xeniagarcia.com/caprichos-del-destino-y-otras-casualidades/.

Lo cierto es que el espectro de oficios del mariquita no era mucho más amplio. En el apartado titulado «Maricas» de su *Guía secreta de Sevilla*, Antonio Burgos apunta: «No es raro verlos empleados en casas de la aristocracia, como mozos de comedor, valets, camareros, ayudas de cámara, [...] anticuarios, planchistas, decoradores, empapeladores, manicuras... Los hay que se ganan la vida con el arte de contar chistes, de tocar los palillos, de imitar estrellas (especialmente cantar por la Piquer)»[28]. En cualquier caso, la cuestión de clase no puede pasarse por alto al repasar la figura del mariquita andaluz. Abel Díaz señala que la proveniencia de un origen social humilde era un rasgo común en el perfil medio de un acusado por «inversión» durante la dictadura[29]. Tanto es así, que los afeminados andaluces de las clases medias y altas procuraban alejarse de este modelo ya que reconocerse en él supondría una degradación de clase[30].

Por su parte, los machos, estaban colocados «uno en un banco, otro en una oficina, otro en almacenes, cada uno en su oficio»[31]. Joaquín trabajaba en el mercado de la Lonja del Barranco; era pescadero —otra prueba que aporta Antonio para hacernos comprender que su Joaqui no era mariquita—.

28 Antonio Burgos, *Guía secreta de Sevilla* (Madrid: Editorial Al-Borak, 1974), 278.

29 Abel Díaz, «Los "invertidos": homosexualidad(es) y género en el primer franquismo,» *Cuadernos de Historia Contemporánea* 41, (2019), https://doi.org/10.5209/chco.66118, 338. (Consultado el 25 de agosto de 2022)

30 Cáceres Feria et al., «Globalización y diversidad...,», s/p.

31 Millán Pérez, en conversación con el autor.

LANZAR TAL PULLA INGENIOSA

En el chiste que nos cuenta Antonio, no solo hace gracia el hecho de que el mariquita se queje, sino cómo se queja: con gracia, con sentido del humor. Ahí está el golpe del chiste. Del mariquita se espera una respuesta ingeniosa y divertida. Entre las motivaciones para increpar en público a un mariquita se incluía la de provocar en él una contestación de este tipo, capaz

---

* Sobre la imagen: Antonio besa a una novia cuyo vestido ha confeccionado él mismo

de arrancar la carcajada del que insultaba y del resto de
los oyentes. En un texto incluido en *Ocnos*, titulado *El
escándalo*, Luis Cernuda escribe una impresión sobre el
discurrir de «los maricas» por una calle:

> Un coro de gritos en falsete, el ladrar de algún perro, anun-
> ciaba su paso, aun antes de que hubieran doblado la esquina.
> Al fin surgían, risueños y casi envanecidos del cortejo que les
> seguía insultándoles con motes indecorosos. Con dignidad
> de alto personaje en destierro, apenas si se volvían al séqui-
> to blasfemo para lanzar tal pulla ingeniosa. Mas como si no
> quisieran decepcionar a las gentes en lo que estas esperaban
> de ellos, se contoneaban más exageradamente, ciñendo aún
> más la chaqueta a su talle cimbreante, con lo cual redoblaban
> las risotadas y la chacota del coro. Alguna vez levantaban la
> mirada a un balcón, donde los curiosos se asomaban al ruido,
> y había en sus descarados ojos juveniles una burla mayor, un
> desprecio más real que en quienes con morbosa curiosidad les
> iban persiguiendo[32].

Varias películas españolas rodadas en torno a los años
de la transición presentan al mariquita como una figura definida principalmente por su potencial cómico. En
una de las escenas iniciales de la película *Una pareja... distinta*[33], por ejemplo, asistimos a un número de cabaret en
el que el protagonista actúa travestido. Aquí se observa
bien cómo del público, conformado en su mayoría por
señores de clases altas, surgen insultos y provocaciones
que buscan la contestación de las travestis y, con ella, la
risa del resto de asistentes:

—¡Felisito, mariquita!
—¡No me llames mariquita que me da sentimiento!

---

32 Luis Cernuda, *Ocnos* (Sevilla: Editorial Renacimiento, 2014), 58-59.
33 *Una pareja... distinta*, dir. por José María Forqué (1974; Producciones
Cinematográficas Orfeo).

[...]
—¡Cuánta carne!
—¡Pecador, que es vigilia!
[...]
—¡Machote!
—*¡Shhtúpido!*

En mitad de un asalto a dos guardiaciviles, los protagonistas de *Corridas de alegría*[34] piden a uno de los testigos que haga algo para amenizar la situación. Él decide contar un chiste. Justo cuando el chiste comienza, su voz cambia y su pluma aparece. Este personaje, en realidad, se trata de un cameo, el del transformista el Gran Simón, que actuaba asiduamente en la sevillana sala La Trocha imitando números de folclóricas[35]. Por supuesto, en el chiste que cuenta, los protagonistas son «dos muchachos de vena distraída».

En *Los placeres ocultos*[36] de Eloy de la Iglesia, el protagonista, un importante ejecutivo, lleva a Miguel, el joven del que se ha enamorado, a ver un espectáculo de variedades del artista Paco España. La actuación consiste primero en contar un chiste —en el que el personaje principal es también un mariquita; de hecho, ese mismo chiste nos lo contó Antonio en alguna ocasión— para, a continuación, versionar la copla *Torbellino de colores*, popularizada por Lola Flores. En mitad de la actuación el chaval espeta entre risas: «Siempre me han hecho mucha gracia los mariquitas». El ejecutivo, que hasta ese momento ha ocultado su homo-

---

34 *Corridas de alegría*, dirigida por Gonzalo García Pelayo (1982; Galgo Films S.A.).

35 Félix Machuca, «El Gran Simón: sin miedo a volar,» *ABC* (Sevilla), 11 de marzo de 2018, https://sevilla.abc.es/opinion/sevi-gran-simon-sin-miedo-volar-201803111241_noticia.html.

36 *Los placeres ocultos*, dir. por Eloy de la Iglesia (1977; Alborada P.C.).

sexualidad al chico, se entristece al darse cuenta de que no podrá escapar a ser reconocido en el mismo grupo que el divertido transformista: apto para amenizar al público, pero incapaz de suscitar deseo en chicos como Miguel[37].

Es de justicia mencionar en estas líneas a la Esmeralda de Sevilla, una figura que bien merece su propio estudio monográfico. Llegó a ser amiga de Antonio, que la conoció recién llegado a la ciudad. La Esmeralda, fallecida a finales de 2021, se convirtió en un icono del transformismo en la capital hispalense. Ella también fue pintor de brocha gorda, pero acabó trabajando como asistente para la folclórica Marifé de Triana cuando esta salía de gira. La Revista de Primavera de 1981, editada por el Ayuntamiento de Sevilla, le dedicó un reportaje cuyo título, por su carácter definitorio, se me antoja bastante revelador: *La Esmeralda, una feria*. Ella misma lo muestra orgullosa a la cámara de Joaquín Arbide en el documental que este le realizó[38]. Tenía, efectivamente, una caseta en la Feria de Abril en la que se ofrecían actuaciones de travestis imitando a grandes folclóricas o contando chistes. Llegó a grabar bajo sello discográfico cintas en las que combinaba sevillanas paródicas, versiones de coplas y, una vez más, ristras de chistes, la mayoría de mariquitas. En más de una ocasión, Antonio nos contó alguno de estos chistes.

---

37 Hay aquí, evidentemente, una conciencia por parte del director de una cierta imagen, aquello que Alberto Berzosa llama el estereotipo heterosexual del gay afeminado. Como también ocurre en su obra *El diputado*, De la Iglesia propone una distinción entre homosexuales «normales» y «los otros», tratando de convencer de la «normalidad» de los gays según los parámetros de virilidad que a él le interesan. Véase Alberto Berzosa, *Homoherejías fílmicas: cine homosexual subversivo en España en los años setenta y ochenta* (Madrid: Brumaria, 2018), 191.

38 *La Esmeralda, historia de una vida*, dir. por Joaquín Arbide (1981; Bartrès S.A.).

El mismo Arbide, en su libro *La Sevilla golfa*[39], dedica un capítulo completo a recordar a algunas mariquitas épicas de la ciudad. Recoge los testimonios de otras «niñas de la cáscara amarga» —algunas de ellas amigas de juventud de Antonio— como la Minimorris, el Gasolina, la Moni o Doña Rosa. Me impacta al leer este texto la propia escritura de Arbide, quien, lejos de cuestionar el *statu quo* y denunciar la posición subalterna de estas personas, contempla divertido su existencia y celebra que ocupen con tanta chispa y salero el lugar que les ha toca-

39 Joaquín Arbide, *La Sevilla golfa. Historias de una ciudad que se liberó a sí misma* (Sevilla: El Paseo Editorial, 2019), 114-127.
* Sobre la imagen: Antonio señala a una de sus amigas en una fotografía realizada en una fiesta de Nochevieja. Aparecen de izquierda a derecha: Vicente, Antonio «vestido de caballero», la Gata y la Macarena.

do. Como si de un espectáculo de variedades se tratase, el autor se dedica a presentar personajes, les da un breve espacio para que suelten su chascarrillo y los empuja del escenario. El propio capítulo comienza así: «¿Y la gracia que tenían aquellos mariquitas [...]?». Y, a continuación, se suceden las anécdotas y los golpes de ingenio de unas y otras, muchas veces suscitados, como apuntábamos antes, por la provocación de algún «tío muy cachondo [al] que le encantaba meterse con ella».

---

* Sobre la imagen: Antonio muestra a la cámara un retrato dedicado de la Macarena: «Para Antonio y Quini de Macarena. Con cariño».

QUEDARSE PARA VESTIR SANTOS

En el ámbito religioso, el papel del mariquita andaluz es vasto y complejo. Antes de enumerar las funciones concretas que desempeña el mariquita en este contexto, conviene señalar que la manera de vivir la religión en Andalucía está profundamente atravesada por un fuerte componente popular que da lugar a ritos y liturgias en las que se combinan enrevesados niveles de significación y que, partiendo o no de la doctrina católica, llegan, en cualquier caso, a alterarla; completándola, deformándola o incluso contradiciéndola. También conviene advertir cuantísimo se puede explicar de un pueblo, un barrio o una ciudad andaluza a partir de la historia y conformación de sus hermandades, cofradías y devociones principales[40].

Algunos cargos o funciones de los que se realizan dentro de las hermandades pueden llegar a otorgar cierto prestigio en el entorno local a quien los ejecuta al gusto de la comunidad; así, algunos hombres afeminados pudieron aspirar a una significativa proyección y reconocimiento social a través de las hermandades. La figura asociada por antonomasia al mariquita dentro de una hermandad es la del vestidor, el encargado de vestir a las imágenes, especialmente, a aquellas que ocupan el lugar

---

40 Para más información sobre religiosidad popular en Andalucía véase Salvador Rodríguez Becerra, *La religión de los andaluces* (Málaga: Editorial Sarriá, 2006); y el documental *Rocío*, dir. por Fernando Ruiz Vergara (1980; Tangana Films). Para el caso concreto de la ciudad de Sevilla y su Semana Santa, véase Isidoro Moreno Rodríguez, *La Semana Santa de Sevilla: conformación, mixtificación y significaciones* (Sevilla: Instituto de la Cultura y las Artes, 2006); y el documental *¡Dolores, guapa!*, dir. por Jesús Pascual (Sevilla: 2022; Sala 46 Films).

más destacado en la religiosidad andaluza: las imágenes marianas. En los cambios de atuendo de las imágenes cristíferas la presencia del mariquita es bastante menos habitual. Las razones de esta asociación son de orden simbólico. Hay que tener en cuenta que, en Andalucía, las imágenes religiosas experimentan todo un proceso de humanización. En consecuencia, el cambio de ropa de la imagen de una Virgen se vive como el cambio de ropa de una mujer real; así se explica que se trate de un ritual hermético al que solo tienen acceso otras mujeres —las camareras o camaristas— y el mariquita[41].

La identificación del vestidor como hombre afeminado existe en la imaginación colectiva. Un ejemplo más o menos reciente lo encontramos en la película *Madre amadísima*[42] de Pilar Távora, en la que para representar la vida de un mariquita arquetípico en la Andalucía rural del siglo pasado, se acude a la figura del vestidor. La narración en la cinta queda estructurada a partir de las anécdotas personales que el protagonista comparte con su Virgen mientras la va cambiando: algunos detalles de su infancia, los maltratos de su padre a su madre, su experiencia en el servicio militar, los primeros escarceos sexuales o su incursión en el ambiente gay de los años se-

---

41 Cáceres Feria et al., «Globalización y diversidad...,», s/p. Por supuesto, no puede constatarse el hecho de que todos los vestidores de imágenes marianas en Andalucía hayan sido o sean mariquitas. Aún hoy, muchos prefieren no significarse de manera pública. Durante la preproducción de ¡*Dolores, guapa!*, invitamos a participar en la película a varios vestidores homosexuales que ejercen en la actualidad. La respuesta general fue que, aunque les entusiasmaba el proyecto, preferían no tratar según qué temas delante de una cámara por miedo a las represalias que pudieran tomar las hermandades para las que trabajaban.

42 *Madre amadísima*, dir. por Pilar Távora (2009; Artimagen Producciones, S.L., Atrium Digital).

tenta, entre otros. Pero mucho antes, ya en 1935, Chaves
Nogales escribía:

> Las beatas que no son nada más que beatas, no suelen servir
> para camaristas, por mucho que sea su fervor por la imagen.
> Hay que tener gusto, elegancia natural y un sentido jovial de
> la vida. Se da el caso de que en algunas cofradías las funcio-
> nes de camarista de la Virgen no las desempeña una mujer,
> sino un hombre. Claro que se trata de un hombre de gustos
> afeminados, capaz de pasarse las horas muertas adornando y
> componiendo a su Virgen con un esmero y un primor que no
> sabría tener ningún modisto con su más genial creación. A la
> Virgen del Refugio, de la parroquia de San Bernardo, la viste
> un hombre que vale por quince mujeres. Tiene fama en Sevilla
> el gusto con el que sale esta Virgen del Refugio[43].

Por un lado, este fragmento da cuenta de la posibilidad,
a la que nos referíamos anteriormente, de acceder a cierto
prestigio social mediante el ejercicio de una función pública. Por otro, deja intuir cómo vestir a las imágenes se
trata de una tarea otrora reservada solo a mujeres —sobre
todo a las solteronas, las que *se quedaban para vestir santos*—
en la que la presencia del mariquita ha ido ganando terre-
no. En efecto, la figura del vestidor es una figura respetada
y que se encuentra en expansión en la actualidad. Existen
foros *online*, cuentas de Instagram, páginas de Facebook
etc. donde se debate sobre la estética mariana —sujeta a
tendencias—, se alaban o critican los cambios que se van
haciendo periódicamente a las imágenes o se organizan
fandoms de los vestidores más celebrados[44].

---

43 Manuel Chaves Nogales, *Semana Santa en Sevilla* (Editorial Almuzara,
2018), 90-91.

44 La industria de la moda ha puesto el ojo en más de una ocasión
en la estética de las Vírgenes sevillanas. Dos ejemplos recientes son el
reportaje que la revista Vogue España dedicó a la Esperanza de Triana
en su número 390 (septiembre de 2020) o la inspiración de la firma Dior

Pero, al margen de su extendida vinculación con la figura del vestidor, el mariquita andaluz asume muchas otras funciones en el ámbito religioso, que van dependiendo según los ritos particulares de cada municipio. En el ambiente erótico-festivo de romerías como la del Rocío, los homosexuales han encontrado históricamente una ocasión de liberación a sus tendencias reprimidas socialmente[45]; así, en una escena del documental *Rocío*[46], vemos a un grupo de hombres, algunos de ellos vestidos con traje de flamenca, bailando sevillanas en parejas. En pueblos como Castilleja de la Cuesta, donde se da el enfrentamiento ritual entre dos hermandades, los mariquitas tienen un papel protagonista:

> Hay quienes se identifican plenamente con el ambiente y expresan tanto su grado de adhesión a su hermandad como su desprecio a la contraria de forma muy evidente, llegando a extremos inusitados. Son aquellos que los castillejeros llaman los «más exaltados», entre los que destacan los «maricas» [...] Su presencia en todas las celebraciones es especialmente importante, en la medida que a ellos, por aceptárseles estar al margen de la mayoría de las pautas sociales de comportamiento vigentes en la comunidad, les está permitida una actuación que estaría mal vista —aunque sea sentida como necesaria—

en la artesanía de la Semana Santa sevillana para su colección Crucero 2023, presentada en la capital hispalense. Por otra parte, algunos de los perfiles de Instagram en los que se difunden y comentan los cambios de las imágenes marianas de Sevilla son @parecequeeslahora y @elartedevestiramaria, con más de 32.800 y 13.700 seguidores, respectivamente.

45 Salvador Rodríguez Becerra, «De ermita a santuario. Generalización a partir de algunos casos de Andalucía», en *Romarías e Peregrinacions*, coords. Antonio Fraguas Fraguas, Xosé Antón Fidalgo Santamariña y Xosé Manuel González Reboredo (Santiago: Consello da Cultura Galega, 1995), 111-119.

46 *Rocío*, Ruiz Vergara.

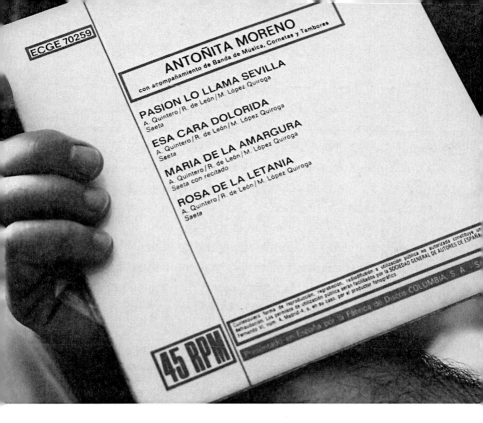

en cualquier otra persona. [...] De ellos todo el mundo espera comportamientos expresivos y atrevidos, tanto a la hora de subrayar su pertenencia como su oposición a los contrarios. Comportamientos que todos aplauden y suscriben, pero que les está vetado imitar plenamente. La mayor parte de estos vítores son lanzados por los «maricas» delante del Simpecado, mientras son levantados a hombros por otras personas de forma que sus voces sean suficientemente escuchadas por todos los presentes[47].

---

47 Encarnación Aguilar, *Las hermandades de Castilleja de la Cuesta. Un estudio de antropología cultural* (Sevilla: Ayuntamiento de Sevilla, 1983), 122-123.

* Sobre la imagen: Reverso de un disco de saetas que guardaba Antonio. Las interpreta la folclórica Antoñita Moreno y las firma el trío Quintero, León y Quiroga

Joaquín, el *amigo* de Antonio, salió de nazareno durante más de treinta años en la hermandad de la Macarena. Hacer estación de penitencia vestido de nazareno ha sido hasta hace muy poco algo reservado en exclusiva a los hombres. En la hermandad de la que hablamos, por ejemplo, no se permitió a las mujeres vestir la túnica hasta el año 2001[48]. Antonio, sin embargo, no pertenecía a ninguna hermandad, pero salía a ver las procesiones en la calle con sus amigos. Durante nuestra conversación, Antonio recuerda varias letras de saetas que escuchaba en discos de vinilo, interpretadas por folclóricas como Antoñita Moreno, que el propio Antonio transcribía para así aprendérselas. Nos recita una de ellas, compuesta por Rafael de León.

Una vez más, Antonio y Joaquín se involucran de forma diferente en el mismo ámbito.

---

48 «La Hermandad de la Macarena incorpora mujeres por primera vez en la "madrugá",» *El País* (Sevilla), 13 de abril de 2001.

¿PARA QUÉ SIRVE UN MARIQUITA?

Al analizar los procesos judiciales por homosexualidad en la Andalucía franquista, Javier Fernández Galeano[49] subraya que, aunque las leyes eran las mismas en todo el país, la forma en la que estas se terminaban aplicando variaba considerablemente según cada ámbito local. Así, por ejemplo, en Barcelona, el grueso de las pruebas utilizadas en los procesos lo constituían los informes de detenciones policiales. Se arrestaba periódicamente a personas sospechosas de «inversión», que solían ser recién llegados o personas de paso. La principal prioridad de las autoridades era mantener una fachada de orden público en las zonas rojas.

En Sevilla, sin embargo, la forma de aplicar el reglamento difería bastante del *modus operandi* centralizado. Para valorar la peligrosidad sexual de alguien se ponía en marcha una compleja movilización de redes comunitarias e institucionales. Familiares, vecinos, patronos, alcaldes y miembros del clero tenían un rol significativo a la hora de elaborar la imagen de cada acusado, a partir

---

49 Fernández Galeano, «Mariquitas, 'Marvellous Race...',».

de la cual el juez tomaría una decisión. Se evaluaba en profundidad el historial familiar del acusado, su práctica religiosa y su reputación en la comunidad, entre otros aspectos; y para ello, se acumulaban cartas, informes, declaraciones juradas y demás documentos que ayudaran a probar un comportamiento «decente». El mariquita era digno de lástima. Dios lo había hecho así —sus caminos son inescrutables— y él no podía hacer nada salvo redimirse llevando una conducta decente y entregándose a la castidad[50].

Uno de los elementos principales a tener en cuenta en el acusado era su desempeño laboral y su colaboración en el sustento familiar. Si en el modelo andaluz, como hemos visto, el mariquita pertenecía a las clases populares, debemos entender que su peligrosidad no afectaba solo al plano de lo sexual; también estaba ligada a la cuestión de la vagancia. El mariquita supone un peligro dentro del sistema porque ni produce[51] ni se reproduce. De ahí la necesidad de defenderse a través de su contribución —aquella que le permiten— al buen funcionamiento de la maquinaria. En las entrevistas para *¡Dolores, guapa!* nos sorprendió cómo la mayoría de entrevistados defendían la presencia legítima de los maricones en las hermandades poniendo el foco, precisamente, en todo el trabajo que desempeñan y en la forma en la que lo hacen, esto

---

50 Fernández Galeano, «Mariquitas, 'Marvellous Race...',», 5.

51 Esto es, sus bajos ingresos no aportan al proceso de crecimiento macroeconómico. Los homosexuales de clases altas no entran en el modelo del mariquita andaluz. Rara vez —señala Fernández Galeano— aparecen como procesados, menos aún condenados, en los archivos judiciales. Figuras notorias como Federico García Lorca, Luis Cernuda y el propio Rafael de León no pueden contemplarse dentro del modelo del mariquita andaluz.

es, con un estilo imposible de imitar por mujeres y, sobe todo, por hombres cisheterosexuales:

A mí es que me gusta ir a las hermandades para trabajar. Hay mucha gente que va a echar el rato o a tomarse una cervecita [...], pero es que a mí me gusta ir para trabajar, o sea, para realmente involucrarme.

Pienso que las hermandades no es que silencien a las personas homosexuales. [...] Porque realmente no tienen en cuenta tu sexualidad, sino que tienen más en cuenta lo que puedas aportar o lo que puedas ayudar dentro de ellas.

Si no hubiera maricones la cofradía no se movía ni salía a la calle, ni había flores, ni había velas, ni la Virgen se vestía ni había nada.

Si nosotros no llegamos a estar allí poniendo flores, el paso no hubiera salido igual, eso para empezar. Que sí, que no por ser maricón tienes que poner las flores más bonitas que un heterosexual, no. Pero tenemos esa gracia, tenemos... Y... que somos especiales. Y ya está[52].

Pienso de nuevo en los afeminados andaluces durante el franquismo y comprendo lo crucial que les resultaría tratar de mantenerse todo lo dentro que pudieran del molde que se había fabricado para ellos, que se esforzaran por marcar bien sus fronteras y que reclamaran ese espacio como propio y exclusivo, alegando razones casi esencialistas[53]. Resultaba, al fin y al cabo, la única forma de asegurarse una coartada de cara al resto de la comunidad, la única oportunidad de funcionar dentro de la mecánica del sistema, de ser, *a pesar de todo*, necesarios, im-

52 Extracto de los testimonios de cuatro entrevistados diferentes recogidos en *¡Dolores, guapa!*, Pascual.

53 Como hemos visto, muchos homosexuales lo siguen reclamando guiados por la misma lógica; ello demuestra la herencia del modelo anterior que, como ya advertimos, no ha sido sustituido, sino que se ha combinado con el paradigma globalizado.

prescindibles. Servir para hacer reír al resto, para acceder a lugares en los que la presencia de hombres o mujeres sería cuestionada, para canalizar el fervor de los demás y encargarse de expresarlo llamativamente en público, para ser ese cuerpo que combina la destreza física y el gusto por el detalle. Como la mujer tenía que servir para casarse y criar hijos y el hombre para llevar el pan a casa, el mariquita tenía que servir para todo eso, más le valía.

Esa era su vida visible. Todo lo otro, aquello que lo hacía inútil, que no le habría servido para salvarle de la condena del juez —más bien para motivarla—, pertenecía al ámbito de lo secreto.

SEGUNDA ESTROFA

MARIQUITA INÚTIL, MARIQUITA INVISIBLE: LA INTIMIDAD DEL MARIQUITA ANDALUZ

Como vengo señalando, los mariquitas durante el franquismo formaban parte de la realidad social de Andalucía siempre que se hicieran presente en ella a través de determinadas formas rígidas, esforzándose en que sus cuerpos e identidades cupieran por la única puerta de acceso al ámbito público que tenían permitido cruzar. Atravesar esa puerta obligaba a dejar muchas cosas atrás; por ejemplo, claro, todo lo relacionado con el amor, el sexo y el deseo. La experiencia de estas cuestiones, tan trascendentales en la vida de una persona, tenía que ocurrir en otra dimensión regida por factores diferentes: la ambigüedad, la connivencia, la voz baja, los códigos secretos.

Desde nuestro aquí y nuestro ahora, la entrada a ese otro lugar se nos antoja escurridiza. Yo me apoyaré en el testimonio de Antonio, la Palomita, que, afortunadamente, es profuso en detalles y anécdotas sobre su vida amorosa y sexual. La intención es que las letras de Rafael de León y las vivencias de Antonio se complementen ayudándonos a dibujar una suerte de cartografía sentimental capaz de trazar un posible camino hacia esa intimidad inexplorada.

EL NUEVO PRISMA DE SIEMPRE

La antología de *Poemas y canciones de Rafael de León* de la que he extraído la mayor parte del corpus con el que trabajamos en esta investigación incluye un apartado titulado «Apuntes para una biografía». En él, se resume en menos de una docena de páginas la vida del poeta adornando con abundancia de detalles algunos episodios y pasando por otros sin apenas detenerse. Sospecho del criterio que los autores han seguido. Se hace especial insistencia, por ejemplo, en los orígenes nobiliarios de León: nombre y apellido de sus padres, año en el que estos se casaron, iglesia en la que se bautiza, sacerdote que administra el sacramento, once de los diecisiete nombres que recibe, direcciones en las que vive durante su infancia etc. También se hace referencia a otro de los episodios más conocidos de la vida del poeta: su encarcelamiento en Barcelona durante la Guerra Civil a manos del ejército republicano por causas no del todo esclarecidas (se ha hablado de su afinidad con un grupo de artistas de convicciones derechistas, pero también del peso que tuvo en su detención su pertenencia a una familia noble)[54].

---

54 Mira, *De Sodoma a Chueca*, 345.

Llama la atención también cómo la biografía de Rafael de León queda enmarcada por dos advertencias —podríamos llamarlas justificaciones—. La del principio defiende que los datos biográficos «significan bien poco a la hora de analizar una obra, situar a un poeta o, simplemente, degustar su producción» y aclara que, por tanto, no es intención de los autores explicar la obra partiendo de la vida, también porque «los silencios y sombras que rodean al autor [...] son densos, quizá voluntarios»[55]. Más escandalosa aún resulta la aclaración final:

> El poeta más cantado de este país [...] nunca quiso que su vida pasara al entorno público. En estas páginas hemos respetado este deseo, fundamentalmente porque nuestro interés está en la obra, una obra, que a todos los efectos, funcionaba separada de su autor. Valgan pues estas palabras para manifestar la necesidad del reconocimiento: nuestro homenaje a quien puso en verso la historia sentimental de varias generaciones de este país[56].

Leo casi con pudor estas últimas líneas. Efectivamente, una ausencia crítica sobrevuela todo este resumen biográfico: en ningún momento siquiera se menciona que Rafael de León fuera homosexual. ¿Y cómo este no va a ser un dato de crucial relevancia para analizar y entender en profundidad su obra cuando son precisamente el amor y los afectos los que la articulan de manera evidente y radical? El hombre que «puso en verso la historia sentimental de varias generaciones de este país» era homosexual y vivió la mayor parte de su vida en un contexto en el que la homosexualidad estaba duramente perseguida. Y todo ese tiempo lo dedicó a escribir can-

---

55 Acosta Díaz et al., *Poemas y canciones*, 19.
56 Acosta Díaz et al., *Poemas y canciones*, 29.

ciones de amor, de amor casi siempre imposible, frustrado, doliente. ¿Cómo puede esta circunstancia «significar bien poco» a la hora de analizar su obra? Alberto Mira denuncia que la crítica heterosexista continúe en el siglo XXI reproduciendo las presiones que condenaban a los homosexuales al armario. Señala que el recurso al respeto es anacrónico y algo gazmoño, e ignora la retórica entre el homosexual y su entorno: «Cualquier homosexual durante el franquismo prefirió evitar que su vida privada pasara al entorno público. Simplemente porque no había elección»[57].

Conviene ahora realizar una aclaración propia. No pretendo dirigirme en este trabajo hacia la práctica del ejercicio biográfico exhaustivo. No voy a situar las letras de Rafael de León en un cronograma, relacionarlas con eventos de su vida, intentar descifrar a qué amantes las dedicaba, averiguar si en realidad la Lirio, Manolo Centeno o la Zarzamora tuvieron otros nombres y apellidos. Mi intención es otra: la de rastrear en las coplas de Rafael de León retales de vidas maricas, de formas maricas de experienciar, sobre todo, el amor y el deseo, que a su vez conllevan una manera de estar en el mundo, en el tiempo, en la historia. Exploraré la relación de afinidad entre estas canciones y un público que las entendió como propias. En realidad, la homosexualidad de Rafael de León solo me servirá como un primer indicio, como el alumbramiento de una posibilidad: si el poeta, efectivamente, vivió el amor y el deseo siendo homosexual, esto pudo condicionar en bastante medida su lírica.

Como veremos en apartados posteriores, muchas de las coplas del sevillano están escritas en primera perso-

---

57 Mira, *De Sodoma a Chueca*, 346.

na, incluso, podríamos decir, en modo confesional. Me emociona imaginar qué podrían sentir todos aquellos mariquitas anónimos que escuchaban estas canciones por la radio, en los teatros o en las plazas, canciones que lamentaban amores y desamores prohibidos, clandestinos, vividos en secreto; qué sentirían al repetir esas letras pasándolas por su propio cuerpo, cantándolas con su propia voz, haciéndolas completamente suyas. Si vamos a leer la copla desde estas subjetividades, partiremos de una premisa radical que no tiene otra intención que la de servir como estímulo para el ejercicio especulativo: todas las historias que cuentan las coplas de amor de Rafael de León son historias vividas por maricones.

Voy a hacer mías —voy a hacer nuestras— todas estas canciones. No es nada nuevo. Travestis y maricones lo hemos venido haciendo con persistencia durante generaciones y sin ningún esfuerzo las canciones se han amoldado a nuestros cuerpos extraños, nuestros labios siguiendo el *playback*, nuestros dedos revoloteando, nuestros amores, nuestras historias, nuestras circunstancias. Cómodas, casi como si estuvieran volviendo a casa.

ROMANCE DE LA PALOMITA

Antonio Millán Pérez llega a Sevilla con diecinueve años. Viene de La Palma del Condado, provincia de Huelva, uno de los pueblos de los que se sospecha que es originaria la Parrala[58] de la copla. Se traslada a la capital para realizar un trabajo de pintor y se instala en el barrio de San Gil. Allí conoce a Vicente, otro maricón, con el que empieza a salir en su tiempo libre. Vicente le acaba presentando al mariquita con el que vive, los amigos lo llaman la Gran Señora porque mide cerca de dos metros. Poco a poco, Antonio va conociendo a otros mariquitas que viven en Sevilla, de los que recuerda a Manolito Díaz, del barrio de San Bernardo; la Macarena, de la calle Duque de Montemar; la Esmeralda, que vivía en San Basilio; la Gamba, de una generación anterior; la Butaca Loca, al que le pusieron el mote por jorobado; la Tornillo y la Cristina Onassis. Con el tiempo, Antonio se termina mudando con

---

58 Rafael de León y Xandro Valerio, «La Parrala». La mayoría de poemas y letras de coplas que mencionaré a lo largo del cuerpo de texto han sido extraídas de la antología Acosta Díaz et al., *Poemas y canciones*. En aquellos casos en los que el texto haya sido rescatado de una fuente distinta a esta, quedará especificado.

la Gran Señora y otro maricón al que llamaban la Tonta del Quicio, del que dice que era «muy *saborío* y muy feo».

Las amigas salen, hacen excursiones al campo; algunas trabajan pintando, encalando o empapelando en la misma cuadrilla, otras cosen juntas vestidos para ellas mismas o trajes de novia y de flamenca para alguna vecina. En Nochevieja, organizan fiestas en las que «se visten de dama». Antonio saca dinero de donde va pudiendo. Es un poco más avispado que el resto de sus compañeros y a menudo suele guiar la faena. Hace muy bien su trabajo, tanto cuidado y atención le pone que es inevitable que se corra la voz por el barrio y que sus vecinos lo adoren; si lo paran por la calle es para pedirle que cante o baile algo para ellos, nunca para otra cosa. Antonio jamás ha tenido un tropiezo con nadie, «jamás en la vida».

---

* Sobre la imagen: Antonio (derecha) con uno de sus amigos.

Cuando consigue ahorrar un poco, Antonio lo invierte en una sesión fotográfica en el número 121 de la calle Feria, posando como las artistas que a él le gustan. Antonio es guapo, tiene facciones delicadas, apenas vello, nada de barba. De pequeño lo llamaban Canete porque era tan rubio que parecía que tenía todo el pelo cano. Pero en el barrio de San Gil lo llaman la Palomita, porque, siempre y cuando no tenga que ir preparado para la faena, sale a la calle limpísimo, perfumado y vestido de blanco. Procura usar siempre buena ropa, trajes de calidad que se confecciona él mismo si hace falta. Se esmera en darle forma a un rizo que le decore la frente, «como la Estrellita Castro». No necesita pelucas, se sirve de su propia cabellera, le da forma, a veces la tiñe de negro y sus amigos le dicen que se parece a Elizabeth Taylor. El culo, sin relleno ni nada, se le ve bastante respingón bajo el vestido, pero necesita, eso sí, colocarse un sujetador para abultar un poco el pecho.

Sabe que está despampanante y disfruta luciéndose de camino al estudio. Algún albañil le grita: «¡Tía, te comía!». La Palomita se ríe y la amiga que la acompaña responde: «¡Cabrón, que no es una tía, que es un maricón!». Antonio los tiene a todos locos. Ya se dio cuenta de su atractivo haciendo la mili; allí disfrutó de la compañía de la mayoría de sus camaradas durante las guardias de noche, lo querían «como a un familiar suyo, como a un niño». Tras terminar el servicio, la afluencia de acompañantes disminuyó, pero, aun así, Antonio no puede quejarse por que le falten pretendientes. Si sale vestido «de dama» aparecen en menos tiempo, pero tampoco importa mucho que vaya «de caballero»; los consigue igual, los encuentra en cualquier parte, se le echan encima, se agobia de tanto admirador.

Muchos domingos, por ejemplo, Antonio organiza con sus amigas excursiones al río. Cogen un autobús de Damas que los deja en la carretera, antes de llegar a La

Algaba; desde allí, caminan hasta algún claro en la ribera. Van cargadas con los avíos para almorzar: alguna lleva
pimientos fritos; otra tomate *aliñao*; otra cerveza helada.
Van equipadas también con un grupito de machotes que
las acompañan, los queridos, cada una con el suyo. En la ribera montan una pequeña choza con ramas y echan el día
yendo y viniendo entre el agua, la orilla y los matorrales.
Antonio cruza miradas con un hombre de la zona que se
está bañando. No tardan en separarse del grupo para buscar un sitio apartado en medio de la vegetación. Cuando
el hombre se desnuda por completo, Antonio se espanta
de las dimensiones que tiene por delante. El otro está de-
cidido, pero Antonio se resiste —«¿En el culo me vas a

* Sobre la imagen: Antonio, a la derecha, en brazos de uno de sus compañeros durante el servicio militar

meter tú a mí eso? ¡Eso se lo metes tú a tu madre!»— y negocia una solución: entre los muslos. El encuentro es tan excitante para los dos que el macho le pregunta a Antonio su dirección en Sevilla, le asegura que volverá a verlo esa misma noche. «¿No tienes bastante?», Antonio-coqueta. Pero termina dándosela y el otro cumpliendo su promesa.

Antonio hace como con todos: lo cita en la plaza de San Gil entre las nueve y las diez. «De noche vienen los tíos en busca de las mariposas». Es una buena hora por varios motivos. Primero, porque, aunque no sabe qué encargos de trabajo tendrá de aquí a la semana que viene, es seguro que no los va a estar haciendo de noche; de hecho, habrá terminado bastante antes y habrá tenido tiempo

---

* Sobre la imagen: Antonio, recién salido de la mili, posa en la casa que compartía con la Gran Señora.

para pasar por casa, lavarse en un bañito, perfumarse y ponerse a esperar. Segundo, porque ya apenas hay gente en la calle. El único peligro son los ojos de las vecinas, al quite, sentadas tomando el fresco o asomadas a sus ventanas. Pero Antonio tiene su coartada bien diseñada. De cara a la galería, los hombres vienen a esas horas a la casa de la Palomita y la Gran Señora para discutir asuntos de negocios: pagarles un trabajo que habían hecho en su casa, pedirles presupuesto para otro... Las vecinas pueden sospechar —y claro que sospechan— pero poco pueden decir. Igualmente, juega a su favor que los encuentros no siempre ocurren en su casa. Hay dos fondas cerca de la plaza del Pumarejo, una en la calle Aniceto

* Sobre las imagenes izquieda y derecha: la Palomita posando en diferentes sesiones de estudio.

Sáenz y otra en Padre Manjón, en las que Antonio se cita con algunos vecinos de vez en cuando. Son ellos los que van a buscar a la Palomita, le susurran: «Venga, hazme la paja» o «Chúpamela». Alguna vez también se le ha encartado hacerlo al aire libre, escondido por la muralla de la Macarena. Pero lo habitual es que Antonio prefiera hablar de negocios en casa.

Él vive en una habitación y la Gran Señora en otra. Las dos tienen su público: hay quienes prefieren a la segunda, hay quienes no quieren ni verla y dicen que la Palomita es más apañada. Pero nunca faltan los amantes, la mayoría de ellos repiten. Saben perfectamente a donde acudir cuando necesitan aclarar alguna duda sobre pintura o empapelado; claro, tanto Antonio como su amiga son pintores de brocha gorda, eso lo sabe todo el mundo. Un momento propicio para conseguir encargos nuevos es, precisamente, en mitad de la jornada laboral.

Muchas veces, por ejemplo, mientras Antonio pinta una casa, el dueño se le acerca y lo provoca: «¿Con quién me acuesto con mi mujer o contigo?». Antonio ya tiene tablas: «¡Con los dos! Pero primero te acuestas con tu mujer y después conmigo, que yo tres no quiero». De nuevo, esa noche, a esperar sentado en las escaleras de la iglesia. Llega uno, o dos, o tres, depende de lo provechosa que haya sido la mañana. Antonio se los lleva a su casa a todos a la vez. Allí, el plan varía: él, desde luego, prefiere mamarla; a los tres a la vez, no importa. De poder elegir, que no se la metan, le duele demasiado; aunque hay veces, claro, en las que el tío se pone pesado y hay que ceder. En la cama, en más de una ocasión, los hombres le piden a Antonio que se cubra por delante con un cartón o una toalla —«¡Coño, tápate eso!»—, o directamente apartan la vista. Ya se sabe, «solo quieren ver el agujero». Ellos se conocen del barrio, pero no sienten vergüenza al ver cómo un maricón se la chupa a otro vecino, o de que otro vecino vea cómo un maricón se la chupa a ellos. Simplemente, guardarán el secreto para que ninguna de sus mujeres sospeche que han estado con otra.

Todo esto es la información que Antonio nos brindó sobre su vida romántica y sexual durante los primeros veinte años de su vida[59]. Hasta aquí, las experiencias que nos cuenta se asemejan bastante a las de otros mariquitas de la época: relaciones sexuales con hombres considerados heterosexuales —muchas veces casados o con

---

59 Millán Pérez, en conversación con el autor.

novia— que ocurrían en secreto, en las que el mariquita
hacía las veces de amante extramatrimonial. A Antonio,
en concreto, se le dio bien atenerse a las reglas del juego
y nos ponía cara rara cuando le hablábamos de aquellos
tiempos como una época oscura. Para este maricón, la
década de los cincuenta fueron los años más felices de su
vida. Nunca percibió la represión, o nunca la identificó
como tal porque estaba totalmente asimilada.

Para empezar, ni sus padres ni sus hermanos habían
reaccionado en contra de que fuera maricón. Cuando le
preguntamos si alguna vez tuvo que salir del armario en
casa, nos responde como si estuviéramos planteando un
disparate: «¿Mi padre no me veía?». Es curiosa la asocia-

---

* Sobre la imagen: Antonio sostiene un retrato en el que aparece travestido, flanqueado por dos fotografías de sus padres.

67

ción que hace en este momento de la entrevista porque
pasa inmediatamente a hablar del tabú que había en su
familia en torno a la menstruación de sus hermanas. Nos
cuenta que él nunca vio un paño con sangre, y eso que todos dormían en la misma habitación. Al hablar de cómo
se vivía en su casa que él fuera maricón, Antonio pasa a
hablar de cómo se vivía en su casa que a sus hermanas les
viniera la regla todos los meses; casi como si homologara
las dos cosas. Sus hermanas eran mujeres y les venía la
regla, pero él nunca vio un paño manchado, ellas sabrían
guardarse de que eso no sucediera; él era maricón y tenía
relaciones con hombres, pero tendría que aprender a hacer lo mismo que sus hermanas: guardarse de que *lo inútil*
nunca quedara a la vista.

Probablemente, aprendió mucho del grupo de amigas
que encontró cuando llegó a Sevilla —que le presentaron
a otras mariquitas más antiguas, como la Gamba, que ya
sabían cómo moverse— y supo aplicar la dinámica de la
casa de sus padres a la de su vida de jovencito recién llegado a la capital. Además, Antonio tenía una fuerte conciencia del trabajo y se le daba bien su oficio. También
cantaba, bailaba y contaba con gusto un chiste a quien se
lo pidiera. Y, por supuesto, era guapísimo y muy joven: a
diferencia de algunas amigas, a él no le faltaban queridos.

Entonces, antes de llegar a los treinta, Antonio conoció a Joaquín. Él era un pescadero que trabajaba en la
Lonja del Barranco y paraba a menudo en el mismo bar
al que iba Antonio. Al principio se hicieron amigos, así
estuvieron mucho tiempo, quedando para beber y charlar, pero una Nochevieja se acostaron. Joaquín era un tío,
un macho, como todos los vecinos con los que Antonio
había hablado de negocios alguna vez.

Lo único que lo diferenciaba del resto era que Antonio
se había enamorado de él.

UN DESEO REBOSANTE

El dramaturgo Alberto Conejero defiende el deseo como eje central en la construcción de los personajes de una historia. Responde así a la tradición que propone trabajar de desde la noción de objetivo —esto es, aquella meta que se persigue y que obliga a sortear una serie de fuerzas antagónicas—, señalando que este elemento presupone una hiperconciencia racional por parte del personaje de su propio sentido, de su destino, una suerte de clarividencia teleológica que deja poco espacio al no saber, al misterio. El deseo, en cambio, estaría constituido por un apetito de lo ausente —deseamos aquello que no tenemos—, construye una imagen que falta. Esa imagen abre una grieta, evidencia una fragilidad, y ejerce una tensión magnética en el personaje, a la que este se rendirá o tratará de desatender. El personaje es una fuerza que desea, el deseo lo hace nacer y, con él, brota también la historia que se cuenta. Cuando el deseo queda satisfecho o, por el contrario, cuando se demuestra que el deseo no se puede satisfacer de ningún modo, la obra concluye[60]. Pero ocurre algo en su historia, se acaba resolviendo de alguna manera, y solo entonces podemos descansar de tanta tensión. En definitiva, la historia de un personaje es siempre la historia de un deseo.

Este marco interpretativo es importante. Desde el punto de vista de la configuración del discurso, las canciones de amor de la copla —las más conocidas, las que siguen permaneciendo décadas después en la memoria colectiva— se organizan o bien como narraciones —con un planteamiento, un nudo y un desenlace—, o bien como una declaración lírica, a manera de «instantánea de la crisis amorosa»[61]. Nos centraremos ahora en el primer grupo. El cariz narrativo de las canciones de la copla es uno de los aspectos que más se suele destacar del género. Se nos presenta a un personaje protagonista —casi siempre, una mujer— que inmediatamente ve su mundo gravemente alterado por la aparición atronadora del deseo. El deseo en las historias de la copla es a menudo extremo y doloroso. En ocasiones, nuestra protagonista desea algo que tiene muy cerca pero que no puede alcanzar; en otras, el deseo es mayor que las propias fuerzas del personaje y lo termina sumiendo en una melancolía insuperable a la que se resigna; a veces, la mujer de la copla no se atreve siquiera a nombrar su deseo[62].

---

60 Alberto Conejero, «Seminario de ALBERTO CONEJERO: Puntos cardinales de la escena. 1: El deseo #AISGEcontigoFormación» Somos AISGE, 2 de junio de 2020, vídeo, 13m52s, https://www.youtube.com/watch?v=8L9Y8zVbwC8.

61 Acosta Díaz et al., *Poemas y canciones*, 43-44.

62 De estas mismas formas de operación del deseo habla Alberto Conejero en el seminario referenciado, ilustrándolas él con ejemplos de reconocidas obras de teatro.

En nuestro análisis, profundizaremos en aquellas letras
—no son pocas— en las que el deseo de la protagonista se
ve mediatizado por la norma social, la ley, la moral impuesta por su contexto. Las gentes, el dinero, la edad, la
clase, la etnia, el «azul de vena», otro amor —probablemente más legítimo a ojos del orden— o el propio transcurrir de la corriente del mundo —un mundo donde su
deseo está condenado a asfixiarse— son algunas de las
formas más o menos concretas que aluden a la imposibilidad del personaje de rendirse a aquella impetuosa fuerza magnética. Pero la tensión sigue ahí. Hay, por tanto,
un tema crucial que sobrevuela estas historias: el de la
potencial transgresión de la norma y la marginación que
esta conllevaría. Para satisfacer el deseo hay que arrojarse
al abismo, el sacrificio se plantea descomunal e irrevocable. Así lo demuestran la prostituta de *Ojos verdes*[63] o
la madre soltera de *Y sin embargo te quiero*[64], mujeres que
ya han sufrido la caída y han quedado irreversiblemente
condenadas a la desesperanza de un porvenir trágico.

La letra de *Madrina* sirve bien como ejemplo para
identificar la estructura narrativa típica de la copla y la
manera en la que el deseo opera en ella. En *Madrina*[65],
conocemos toda la historia contada en modo confesional por su protagonista, una terrateniente nobiliaria. En
la primera estrofa, la condesa recuerda los eventos que
la han llevado hasta su doloroso presente: un día recibió la visita de un joven, presumiblemente pobre, que

---

63 León y Salvador Valverde, «Ojos verdes». Existen hasta siete versiones de esta canción, utilizamos para el ejemplo la que Acosta Díaz et al.
intuyen coa las notamo original.

64 León y Antonio Quintero, «Y sin embargo te quiero».

65 León y Quintero, «Madrina».

le pedía su ayuda para llegar a ser torero; ella accedió inmediatamente y el chico acabó triunfando, así llegamos al momento actual de la diégesis. El joven se hace presente en la canción desde el primer verso de la letra —«Rondabas por mi dehesa»—; desde la primera palabra, incluso: un verbo que nos habla de él desde el propio recuerdo de ella. Un verbo, además, con un fuerte matiz de presencia. Comprobamos que la historia comienza cuando el deseo aparece, deseo e historia nacen al mismo tiempo.

En el estribillo, muchas coplas exponen el deseo de la protagonista celebrándolo (*Un rojo, rojo clavel*[66], *Amante de abril y mayo*[67]), lamentándolo (*Tengo miedo*[68], *Madrina*) o ambas cosas a la vez (*Ojos verdes*). En el estribillo de la canción que nos compete, la protagonista admite a la audiencia el amor que siente por el joven y el sufrimiento que le acarrea vivir esa pasión en secreto. La diferencia de edad, de clase y de género son las que abren el abismo para nuestro personaje; tres tipos de transgresiones a las que tendría que enfrentarse la condesa y que supondrían perder no pocos privilegios.

En la segunda estrofa, asistimos a un nuevo giro: un toro malhiere a la joven promesa. La terrateniente ofrece al cristo de su devoción el sacrificio de continuar en silencio a cambio de que el chico se salve. Este cumple, y ella permanece callada —una nueva transgresión potencial: la de romper un pacto con Dios—. Teniendo en cuenta las anteriores aportaciones de Alberto Conejero, nos encontramos frente a un caso en el que deseo y ob-

---

66 León, «Un rojo, rojo clavel».

67 León y Quintero, «Amante de abril y mayo».

68 León, «Tengo miedo».

jetivo no solo no son lo mismo, sino que luchan entre sí. La condesa desea al joven, o, al menos, desea confesarle su amor. Su objetivo consciente, sin embargo, es permanecer callada[69]. Pero vuelve el estribillo y con él, su lamento: «La gente no se imagina / que el hombre de mi corazón / me llame solo madrina».

Madrina es una copla de los años sesenta. El estilo de Rafael de León había sufrido ya notables alteraciones con respecto a décadas anteriores. Temáticamente, por ejemplo, no es usual que una copla cuente la historia de una mujer poderosa enamorada de un chico pobre. No obstante, la narración clara de *Madrina* facilita el análisis de una estructura que es, como vengo apuntando, bastante típica en muchas de las canciones de amor de León. Bien es cierto, que estos rasgos estructurales sufren leves variaciones continuamente. En ocasiones, por ejemplo, no se explicita el obstáculo. En *Ojos verdes*, la espléndida conexión entre los protagonistas durante su encuentro no puede cuajar en una feliz historia de amor por motivos evidentes: ella es una prostituta. En *Rocío*[70], ni siquiera encontramos un nudo en la narración: una elipsis nos lleva desde el *locus amoenus* donde se desarrolla una tierna escena de amor, al triste escenario de un convento en el que la protagonista vive encerrada tras haber tomado los hábitos. En ambas letras es la tragedia lo que importa, pero no se nos da cuenta de aquello que la propicia.

---

69 En «Entre la espada y la pared», otra letra de Rafael de León, se explicita claramente esta diferenciación: «Yo paso por la agonía / de la espada y la pared, / entre un querer que es mi vida / y cumplir con mi deber». Como veremos, la experiencia del amor —y, siguiendo nuestra premisa, del amor homosexual— tal y como la plasma León conlleva al mismo tiempo gloria y sacrificio, vida y muerte.

70 León, «Rocío». Existen varias versiones de la letra de esta copla que poco guardan en común entre sí. Nos referimos aquí a la del año 1933.

En cualquier caso, conviene llamar la atención sobre un aspecto que considero especialmente característico de la configuración narrativa del discurso de la copla y clave para comprender aspectos que abordaremos más adelante. Si bien resulta relativamente fácil identificar un planteamiento —por breve que sea— y un nudo —aunque tengamos constancia de él solo a través de sus consecuencias— bien marcados en las letras de Rafael de León, algo extraño suele ocurrir con el desenlace. Mi sensación es que la pasión de la madrina, su deseo, pervive. Es cierto que, en la letra, nuestra protagonista nunca llega a saltar al abismo, se mantiene callada tras su promesa. Fin. Al menos, de momento. Quizá en otro tiempo, en otra historia, en otro mundo... La insistencia en el mismo estribillo —el mismo lamento— al final de la canción nos la deja todavía asomándose tentada al precipicio. La posibilidad de saltar sigue abierta, la tensión continúa.

En *Tatuaje*[71], la protagonista se queda prendada de un marinero al que conoce una noche en una taberna, quien le confiesa una historia de amor que nunca pudo superar. Él termina marchándose «con rumbo ignorado» y ella, que vive del recuerdo de aquella noche de amor, lo busca incansable mientras se refugia en el alcohol. No llegamos a saber si el marinero murió, si desapareció para siempre, si quiso olvidarse de ella. Solo sabemos que ella lo sigue buscando. No existe un evento conciso que zanje la narración, de hecho, toda la segunda mitad de la canción, incluyendo el estribillo y el recitado final, está vertebrada por una desesperante incertidumbre: «Quizá tú ya me has olvidado», «Y nadie me dice si está vivo o muerto», «Y sigo en mi duda [...]». Nuestra única certeza

---

71 León y Valerio, «Tatuaje».

es el empeño incansable de ella —«Y hasta que no te haya encontrado / sin descansar te buscaré»—, su deseo irremediablemente obstinado —«Mira tu nombre tatuado / en la caricia de mi piel, / a fuego lento lo he marcado / y para siempre iré con él»—. *María de la O*[72] se arrepiente de haber abandonado a su verdadero amor, un gitano pobre al que todavía recuerda y quiere, para irse con un hombre payo y rico que le da todo lo que pide. Renuncia al amor en un acto de supervivencia, para conseguir a cambio todos los bienes materiales que se le antojen, además de un ascenso social. Y, sin embargo, todavía está a tiempo de dejar al payo y volver con el amor de su vida. *La Zarzamora*[73] tenía fama de jugar con los hombres hasta hacerlos llorar, pero acabó enamorándose de uno que la hizo llorar a ella. Al final de su historia, descubrimos el misterio que se repite en el estribillo —«¿Qué tiene la Zarzamora?»—: el hombre al que *besó* y del que se enamoró era un hombre casado. Sin darse cuenta, se había convertido en la Otra. Pero cuando la canción termina, la Zarzamora sigue llorando por él, lo sigue amando y lo reconoce públicamente sin remilgos.

Si toda historia es la historia de un deseo, rara vez en las coplas de Rafael de León podemos considerar la narración concluida. El deseo no se consuma, ni se frustra, ni se desvanece. Tampoco es común, como contemplaba Conejero, que se demuestre que el deseo no pueda llegar a satisfacerse de ningún modo. El deseo en la copla persiste, solo persiste. Más allá incluso del final de la canción, más allá incluso de la rigidez del primera-estro-

---

72 León y Valverde, «María de la O».

73 León y Quintero, «La Zarzamora».

fa-estribillo-segunda-estrofa-estribillo. Aún es posible que la protagonista de *Tatuaje* encuentre a su marinero, que María de la O se vaya de nuevo con el hombre al que ama, que el caballo de *Ojos verdes* regrese a la mancebía y la serrana escape de allí montada a la grupa, que el que hizo llorar a la Zarzamora abandone a su mujer para quedarse con ella. La transgresión pública de la norma, y el peligro a tantos niveles que eso conlleva, es lo único que no lo permite.

Alivia pensar en cada copla tan solo como preludios de otras posibles historias, de muchos otros desenlaces que no pudieron escribirse porque no cabían en esa estructura, porque eran desenlaces inimaginables, indecibles, desenlaces contra natura. Planteamiento, nudo y desenlace. Estrofa, estribillo, estrofa, estribillo. Si toda historia es la historia de un deseo, el deseo que hace brotar y atraviesa todas las historias de la copla es un deseo que no cabe en la rigidez de su continente, que lo desborda, que se derrama hasta mojar nuestro presente.

Te quise tanto, tanto, que la gente
me señalaba igual que a un apestado;
¡pero qué feliz era sobre el puente
de tu amor, oh, mi río desbordado![74]

---

74 León, «Centinela de amor».

AMOR QUE NO DEBE SER

Precisamente, si algo ha definido culturalmente al homosexual a lo largo de la historia ha sido el encarnar un compuesto de ideas de transgresión —biológica, moral o social—. Uno de los tipos, por ejemplo, desde los que se parte para categorizar en el último tercio del siglo XIX aquello a lo que se denomina homosexualidad es el del sodomita. Este se caracterizaba por *transgredir* el *orthos* sexual realizando actos que, en el imaginario colectivo, se ven reducidos a la penetración anal. Sin embargo, se incluían otras prácticas, como el sexo con animales o, más apliamente, toda relación sexual *inútil*, esto es, cualquiera que no condujese a la procreación[75].

Durante la entrevista, le pregunto a Antonio si él hubiera querido ser padre: «Yo querría que me hubiese hecho los niños o las niñas a mí también, pero como no podía porque soy estéril...»[76].

El acto de procrear apenas aparece mencionado en la obra de Rafael de León. Bien es cierto que se pueden encontrar padres y, sobre todo, madres en las cancio-

---

75 Mira, *De Sodoma a Chueca*, 20.
76 Millán Pérez, en conversación con el autor.

nes; pero ni la maternidad ni la paternidad se erigen en ningún caso como tema central. Conviene detenerse con atención a examinar cómo estos personajes operan dentro de las historias.

En su estudio sobre los aspectos léxico-semánticos de la copla[77], Sonia Hurtado Balbuena hace acopio de apariciones de padres y madres en las letras de su corpus. A los primeros los menciona de pasada en el apartado que dedica a la figura del hombre, concluyendo que —salvo excepciones— el padre en la copla es, en contraste con la madre, la parte irresponsable, aquel que abandona.

Para abordar la figura de la madre, sin embargo, la autora dedica todo un capítulo aparte. Tras analizar sus aportaciones, propongo la siguiente diferenciación. Por un lado, existe una serie de madres que aparecen en las coplas de León como la encarnación de la sabiduría que da la experiencia: son confidentes de los amores de la protagonista (*Coplas del Burrero*[78]), capaces de dar buen consejo y advertir acerca de un desenlace fatal (*Con mis propios ojos*[79]) y tienen la astucia suficiente para mover los hilos que consigan el ascenso social de las hijas (*Eugenia de Montijo*[80]). En todos estos casos, la madre es una mujer mayor y la letra, en realidad, se centra en los amores de las hijas.

Pero lo cierto es que no son estas las madres más recordadas de la copla. Existe todo otro grupo de mujeres

77 Sandra Hurtado Balbuena, «Aspectos léxico semánticos de la copla española: Poemas y Canciones de Rafael de León» (tesis doctoral, Universidad de Málaga, 2003).

78 León y Valverde, «Coplas del Burrero».

79 León y Quintero, «Con mis propios ojos».

80 León y José Antonio Ochaíta, «Eugenia de Montijo».

que, efectivamente, tienen un niño en algún momento de la narración, pero cuyas canciones no versan realmente acerca de la experiencia de la maternidad. En *La Niña de Puerta Oscura*[81], por ejemplo, asistimos a un esquema narrativo típico: en la primera estrofa, Lola, una cándida joven se topa con Manolo Centeno, un hombre que se fija en ella y empieza a cortejarla; en el estribillo, escuchamos las zalameras palabras que él le dedica en su intento por encandilarla; en la segunda estrofa, conocemos que Manolo Centeno la ha abandonado tras dejarla embarazada y que ahora ella se pasa los días bordando pañales mientras recuerda las palabras de amor que un día le dijeron; y vuelta al estribillo. En *Y sin embargo te quiero*[82], la protagonista cuenta su historia dirigiéndose al hombre que la embaucó: en la primera estrofa, lamenta haber desatendido sus primeras sospechas y las advertencias de la gente, enredándose en una relación en la que estaba entregada a sufrir a cambio de las atenciones mínimas; en el estribillo, confiesa desgarrada como, a pesar de todo lo que ese hombre ha hecho con ella, no puede evitar seguir amándolo; en la segunda estrofa, nos presenta su situación actual, él la abandonó para estar con unas y otras mientras ella cuida al hijo de los dos, que él se niega a reconocer; y vuelta al estribillo.

Como señalaba antes, ninguna de las dos coplas trata específicamente el tema de la maternidad. En ambos casos, haber parido un hijo funciona simplemente como un agravante del drama principal de las protagonistas: el engaño y abandono por parte del hombre. En ninguna de las dos se alude, por ejemplo, al embarazo, y solo en la segunda podría identificarse una imagen del acto se-

---

81 León y Quintero, «La Niña de Puerta Oscura».

82 León y Quintero, «Y sin embargo te quiero».

79

xual —presentado como la entrega sin consideraciones a la persona amada mediante la concesión irrevocable de penetrar la intimidad propia—: «Cuando vinieron los llantos / ya estabas muy dentro de mi corazón». Lo que ocurre, en realidad, es que en las dos historias se eluden las referencias a la concepción y gestación de la criatura para que, en su lugar, se nos hable de la concepción y gestación del sentimiento amoroso.

El hijo, por tanto, no es más que una excusa, un elemento simbólico que estaría cristalizando en sí dos realidades inherentes. Por un lado, encarna el castigo por la transgresión, la condena irreparable a la vergüenza pública que habrán de cumplir estas mujeres durante el resto de sus vidas por haberse entregado a un amor fuera del orden, la personificación de su degradación social. Por otro lado, el hijo —no casualmente siempre varón— es la imagen de ese otro hombre que, según hace intuir la repetición del estribillo, pesará para siempre en la conciencia de estas mujeres. Es literalmente, siguiendo la retórica tradicional, el fruto de aquel amor, la personificación misma de aquella pasión, aún y para siempre viva. En *La Niña de Puerta Oscura*, cuando Lola se dirige a Manuel Centeno, se refiere al hijo de los dos como «este clavel moreno que me ha nacido de ti». Especialmente reveladora resulta la transición entre la segunda estrofa y el estribillo final de *Y sin embargo te quiero*, en la que la protagonista confunde la nana que le canta al pequeño con la atormentada declaración de amor que dedica al padre, unificando, así, a los receptores de su mensaje al ser capaz de dedicar a ambos las mismas palabras al mismo tiempo, sin que la pertinencia ni la eficacia de las mismas se vea alterada:

Y, sin darme cuenta, en vez de la nana
yo le canto así:
(Estribillo)
Te quiero más que a mis ojos,
te quiero más que a mi vida,
más que al aire que respiro
y más que a la madre mía.
Que se me paren los pulsos
si te dejo de querer,
que las campanas me doblen
si te falto alguna vez.
Eres mi vida y mi muerte,
te lo juro, compañero,
no debía de quererte (bis)
y sin embargo te quiero[83].

Se puede deducir de aquí que, para Rafael de León, la expresión más completa y radical del amor se encuentra en su visión del amor materno, esto es, uno basado en el sacrificio y la entrega absoluta, incondicional, abnegado, que sufre en silencio, por el que la persona que lo siente es capaz de anularse a sí misma, como el pelícano mitológico que se automutila para ofrecer sus entrañas de alimento a sus crías. Esta forma de amor, extrapolada también al sentimiento romántico, es la que emana constantemente del yo poético en las canciones y poemas de Rafael de León. Pero en esta consideración del amor materno no podemos dejar de tener en cuenta un elemento fundamental, bosquejado pocos párrafos atrás: las madres de las coplas analizadas son madres de hijos ilegítimos. Por tanto, el hijo en estas coplas es, en resumen, la imagen simbólica de un amor, sí, pero de un amor, además, que se da al margen de la ley, de un amor sin apellidos.

---

83 León y Quintero, «Y sin embargo te quiero». Las cursivas son mías.

Así ocurre en *La Mariana*[84], en la que, al igual que en otros títulos con nombres propios como *La Parrala* o *La Zarzamora*, la narración se erige en torno a un secreto. En estas tres coplas, Rafael de León nos presenta a protagonistas aisladas, que nunca podrán formar parte del grupo respetable de la sociedad[85]. Borrachas, promiscuas, consagradas sin reparos al placer. Concretamente, en *La Mariana*, el enigma que envuelve al personaje se plantea en la primera estrofa, en la que se recogen indicios —la protagonista suspira y se queja sin razón, lamentándose de que no hay pena como la suya— que sirven de comidilla a todo el barrio de Triana. En el estribillo se plantean las dudas y los rumores de la gente: la Mariana se dirige todas las mañanas temprano a algún sitio que se desconoce y todo el mundo intuye que esos vaivenes son —de nuevo, la misma confusión— visitas que hace a algún amor prohibido. En la segunda estrofa, una vecina descubre finalmente el lugar que ronda la Mariana, un hospicio donde tiene interno a un hijo ilegítimo, y se empieza a difundir su deshonra. Pero —¡atención!—ella, al igual que hacen la Zarzamora o la Parrala, asume sin pudor la marca de su diferencia en una última estrofa:

A la larga o a la corta,
se tenía que saber;
por lo tanto, no me importa
que publiquen *mi querer*[86].

84 León y Quintero, «La Mariana».
85 Sieburth, *Coplas para sobrevivir*, 125-148.
86 León y Quintero, «La Mariana». Las cursivas son mías.

Entendido dentro del esquema moral del nacionalcatolicismo, un hijo fuera del matrimonio supone una desviación, su cuerpo es la constatación más evidente de una entrega previa a la pasión en la que la virtud se ha visto desatendida. A fin de cuentas, la Mariana va, efectivamente, a visitar a un amor prohibido: un amor que *no debe ser* porque ha nacido de otro que *no debería haber sido*. Pero, presentado dentro del aparataje ficticio y sentimental de una canción, el amor de una madre por su criatura, no importa de dónde venga esta, se revela puro y verdadero y resulta fácilmente asimilable. Rafael de León defiende así su propia consideración del amor: amor fuera de la ley, amor que ha transgredido la norma, amor secreto, que es todo misterio, pero, en lo esencial, amor como cualquier otro. El autor sufre con su protagonista, remarca que no se merece el veneno que todos escupen contra ella, y, finalmente, la salva de la vergüenza. Su amor, aunque prohibido, por ser amor, la redime. Al fin y al cabo,

¿Quién tiene la culpa
de lo nuestro?
¿Tú? ¿Yo?
¡Ninguno!
Y los dos la tenemos[87].

---

87 León, «Secreto». Esta composición no aparece en la antología de Acosta et al., ha sido rescatada directamente del primer poemario del autor. Véase Rafael de León, *Pena y alegría del amor* (Madrid: Casa Ayora, 1941), 77-80.

PENA Y ALEGRÍA DEL AMOR

Llegados a este punto, resulta razonable afirmar que la experiencia del amor en la obra lírica de Rafael de León suele aparecer ligada intrínsecamente a una cierta idea de sufrimiento. Amor y dolor son dos caras de la misma moneda y no se puede disfrutar del primero sin padecer el segundo —no casualmente, el título del primer poemario que León publica será *Pena y alegría del amor*—. En toda la obra del poeta sevillano se pueden encontrar numerosas alusiones al sentimiento amoroso que reiteran esta misma idea. Así, por ejemplo, en *Romance de la corbata y el pañuelo*[88]: «Amor es espina y cruz / para el corazón transido»; en *Cuatro sonetos de amor*[89]: «Que cariño es más potro que cordero / más espina que flor [...]»; y en *Consejos del buen amor*[90] se recomienda: «Vivir siempre en agonía / con el alma la-

---

88 León, «Romance de la corbata y el pañuelo». Esta composición no aparece en la antología de Acosta et al., ha sido rescatada directamente del primer poemario del autor. Véase León, *Pena y alegría...*, 119-123.

89 León, «Cuatro sonetos de amor».

90 León, «Consejos del buen amor». Esta composición no aparece en la antología de Acosta et al.; ha sido rescatada directamente del primer poemario del autor. Véase León, *Pena y alegría...*, 15-19.

cerada / por la espera. / Morir dos veces al día / y tal vez de madrugada / la tercera». Esclarecedora, cuanto menos, resulta la definición de amor que el poeta propone en los estribillos de *Solo vivo pa quererte*[91]:

El cariño no es un cielo
con nubes y golondrinas.
El cariño son los celos,
es un llanto sin pañuelo
y una corona de espinas.
[...]
El cariño no es un cielo
con nubes de purpurina,
el cariño son los celos,
es un llanto sin consuelo
y lo demás son pamplinas.

Existe un tono de aclaración en estos versos que está presente, en realidad, en toda la intención de la copla que los contiene. En ella, apenas se identifican elementos narrativos, simplemente una expresión hiperbólica del estado de enamoramiento, de una manera de querer que combina calma y desesperación, pena y gozo, y que —como hemos visto en el fragmento recién citado— se defiende como *la* manera de querer, el único amor genuino, «y lo demás son pamplinas».

En la España franquista, en la que Rafael de León llevó a cabo la mayor parte de su producción, la experiencia del amor entre hombres homosexuales no podía estar exenta de una sensación de angustia, de peligro, de intranquilidad, de dolor, de miedo. Sus relaciones estaban explícitamente perseguidas y castigadas. Incluso si esta

---

91 León y Quintero, «Solo vivo pa quererte».

represión estaba perfectamente asimilada y no era percibida como tal por los sujetos que la sufrían, estos no estaban exentos de hacer su vida sorteando según qué obstáculos. Este es el caso de Antonio. Si bien en nuestra conversación Antonio recalca la buena relación que tenía con las personas que vivían en su barrio, también explica cómo tenía que guardarse de los ojos de las vecinas, que vigilaban desde sus ventanas la visitas nocturnas que la Palomita recibía, y cómo necesitó fabricarse una coartada que las justificara. Asimismo, el propio hecho de que Antonio insista en que jamás sufrió un encontronazo con ningún vecino ya denota que es consciente de la tremenda probabilidad de que eso hubiera ocurrido.

Por tanto, volviendo a Rafael de León, no nos debe extrañar esta aproximación ambivalente, ya no solo hacia la experiencia amorosa, sino hacia el mero sentimiento del amor —que abre, a su vez, la puerta al deseo y a la consumación del mismo—. El amor se anhela, pero, al mismo tiempo, todas las tensiones que este hace despertar una vez llega exponen al sujeto a un padecimiento tan abrumador que lo empujan, de entrada, a anticiparse y tratar de resistirse. Pero siempre termina sucumbiendo. Probablemente, sea la letra de *Tengo miedo*[92], uno de los mejores repositorios de estas interpretaciones, opuestas pero complementarias, de un tipo de amor condenado a ser condena:

Tiemblo de verme contigo
y tiemblo si no te veo.
Este *queré* es un castigo,
castigo que yo deseo.
[...]

---

92 León, «Tengo miedo».

Miedo, tengo miedo,
miedo de quererte.
Miedo, tengo miedo,
miedo de perderte.
Sueño noche y día
que sin ti me quedo.
Tengo, vida mía,
miedo, mucho miedo.

Para Rafael de León, sucumbir al amor es también asumir el sacrificio. Sacrificio, por un lado, porque quien ama se anula, se vacía del todo, «desde los pies a la boca»[93], para dejarse inundar absolutamente por el amado, para servir como continente suyo, como un instrumento: «Yo veía por tus ojos / y bebía de tu aliento»[94]. Pero sacrificio, también, porque el amor que aquí se contempla, por ser ilegítimo, ha de vivirse a escondidas, perseguido.

El amor de Rafael de León es *amor oscuro*[95]. Como los encuentros de la Palomita con sus amantes, los del yo poético de León también ocurren de noche. Los amantes se citan para verse en secreto, tarde, cuando «el pueblo estará dormido» y «los señores del casino dormirán en sus sillones con las cadenas de oro terciadas sobre su ab-

---

93 León y Quintero, «Amante de abril y mayo».

94 León y Quintero, «Vamos a dejarnos».

95 *Romance del amor oscuro* es el título de una de las composiciones incluidas en el libro *Pena y alegría del amor*, primer poemario de Rafael de León, publicado en 1941. No fue hasta principios de la década de los ochenta que se publicaron de forma póstuma los *Sonetos del amor oscuro* de Federico García Lorca. Quizá la coincidencia en los títulos no sea casualidad: Lorca y León llegaron a conocerse y entablar amistad en Granada, donde el segundo estudió el curso preparatorio de Derecho.

domen»[96]. También como los de la Palomita, estos encuentros son encuentros sexuales furtivos y urgentes:

Llevo dentro de la sangre
un potro de aceite y cobre
que se encabrita sin bridas
cada vez que oye tu nombre,
y se desboca en espuma
de sábanas y entredoses[97].

Me diste la blandura de tu cera
y yo te di la sal de mi salina.
Y navegamos juntos, sin bandera,
por el mar de la rosa y de la espina[98].

Y si la gente —¡qué importa la gente!—
no sabe, no comprende, o no conoce
lo que es el amor, que aprenda de mis labios[99].

Paul Binding, sostiene que en el poema *Tu infancia en Menton*, García Lorca contempla el amor homosexual como norma: «Es el amor homosexual no consumado lo que es antinatural, una negación de la vida»[100]. En el

---

96 León, «Romance del amor oscuro». Esta composición no aparece en la antología de Acosta et al., ha sido rescatada directamente del primer poemario del autor. Véase León, *Pena y alegría...*, 130-133.

97 León, «Romance del amor oscuro».

98 León, «Encuentro».

99 León, «Hora». Esta composición no aparece en la antología de Acosta et al., ha sido rescatada directamente del primer poemario del autor. Véase León, *Pena y alegría...*, 89-92.

100 Paul Binding, *García Lorca o la imaginación gay* (Barcelona: Laertes, 1987), 33.

apartado anterior, he señalado cómo, en la letra de *La Mariana*, Rafael de León justifica el amor ilegítimo en la medida en que este sigue siendo amor; será en este sacrificio adicional, precisamente, donde el poeta encuentra las razones para su justificación. Es el sobresfuerzo que requiere entregarse a este amor lo que da muestras de su genuinidad. En ocasiones, lo ilegítimo no solo se justifica, se pone en valor e, incluso, se celebra:

¡Qué nos importa de nadie
si nos queremos nosotros!
Aunque pongan una tapia
y tras de la tapia un foso,
han de saltarlos tus brazos
y han de cruzarlos mis ojos[101].

«El cariño verdadero —¡ay!— es humilde y es callado»[102]. En cambio, aquellos que han podido conocer un amor público, fácil, exento de ese sacrificio añadido —el de ser *la Otra*, el de la *callejuela sin salida*, el de amar con miedo, el de poner constantemente en juego todo lo que tienen y todo lo que son— no han amado de verdad. Para León, el amor genuino es el de la Mariana y el de todas *las otras*; «y lo demás son pamplinas»[103].

Que aprendan todas de mí —¡ay, ay, de mí!—
a querer como *las locas*[104].

---

101 León, «No me llames Dolores».

102 León y Quintero, «Tú a mí no me quieres».

103 León y Quintero, «Solo vivo pa quererte».

104 León y Quintero, «Amante de abril y mayo». Las cursivas son mías.

LA MUJER OTRA

¿De quién les nacen esos hijos ilegítimos a las protagonistas de estas canciones? ¿Con quién viven esas historias de amor que *no deben ser*? Las viven con hombres, lo mismo que la Palomita. Insistí en la primera parte de esta investigación sobre cómo Antonio contemplaba a su Joaqui como un hombre —no un maricón— a pesar de que los dos tuvieran relaciones sexuales. Esto era debido a la centralidad de la expresión de género a la hora de establecer categorías en el modelo andaluz. Puede resultar útil para comprender este hecho la siguiente puntualización:

> Hasta cierto punto, la psiquiatría franquista admitió que los límites del deseo heterosexual no eran «exclusivistas» o, en términos de la filósofa Judith Butler, que las operaciones constantes que permiten construir un deseo heterosexual en cada cuerpo recién nacido, a través de un código investido de «natural», no produce un efecto sólido y unívoco. [...] Esta concepción de la sexualidad entendía que para que los varones heterosexuales cayeran en la homosexualidad «accidental» se requería siempre de un cómplice necesario, del «invertido» culpable de desviar a los hombres de su deseo natural[105].

---

105 Abel Díaz, «Los "invertidos"...,», 344.

En la obra de Rafael de León aparece reiteradamente una cualidad que marca el límite entre lo masculino y lo femenino: la valentía. León firmó varias composiciones dedicadas a ensalzar la figura del hombre valiente, manifestada en personajes mitificados, como el bandolero[106] y, sobre todo, el torero[107]. El hombre valiente es capaz de hacer que fuerzas mayores —la ley, la naturaleza— se dobleguen ante él, las domina[108]. En cambio a la figura femenina, aunque capaz de cometer crímenes pasionales —potenciados por su impulsividad—, le falta el valor[109].

La figura del mariquita se desenvuelve entre el mundo masculino y femenino. El cuerpo del mariquita es un cuerpo de hombre —y ese elemento es central a la hora de entender su posición simbólica— pero, al mismo

---

106 Es el caso de las *Coplas de Luis Candelas*.

107 Por citar algunas: *Capote de grana y oro, Francisco Alegre, Coplas de Pedro Romero* y *Coplas del Almendro*.

108 Tanto en las *Coplas de Pedro Romero* como en las *Coplas del Almendro*, la voz de León describe a dos figuras masculinas desde una posición subalterna. En esta exaltación desmesurada de otros hombres, el poeta se expresa mediante códigos poco afines a los cánones de masculinidad, dejando entrever indicios de deseo: «¡Vaya valor y suerte / —¡olé y olé! ¡tenedme que me caigo!— / para torear! / El toro es un juguete —¡y olé!— / va donde quiere él —¡míralo!— / y rueda sin puntilla / [...] por tanto valor». León reviste a los dos toreros de un halo de sensualidad y, además de su valentía —o justamente por ella—, resalta el potencial erótico de los matadores: «Y no queda dama / que no se accidente / al ver al torero / tan macho y valiente; / y sueñan y sueñan / de noche y de día / con ver al Almendro / tras su celosía».

109 Es el caso de la protagonista de *Callejuela sin salida*, en la que nos detendremos más adelante —«[...] pero pa ser buena / no tuve valor»— y la de *Vengo a entregarme*, que antes de cometer un crimen pasional motivado por los celos, suplica a las autoridades que la encierren, una acción por completo opuesta a la de hacer al poder doblegarse: «Yo te he sentenciado a muerte / pero me falta, serrano, / valor para aborrecerte».

tiempo, no es un *verdadero hombre*: le faltan cualidades consideradas masculinas y posee otras consideradas femeninas[110]. El mariquita es un hombre-no-hombre y, al mismo tiempo, una mujer-no-mujer.

Esta combinación de atributos, esta lectura con varios niveles, justifica la idoneidad del mariquita para algunas de sus funciones definitorias, aquellas que repasamos en la primera parte de la investigación. Así, lo masculino que se leía en ellos les permitía, por ejemplo, subir a un andamio, cargar peso, tener contacto directo con lo sagrado o desenvolverse por el mundo con una autonomía que no les estaba permitida a las mujeres. Por otra parte, lo femenino que se les suponía implicaba cierta tendencia al refinamiento, atención al detalle y buen gusto. Una de las personas entrevistadas en *¡Dolores, guapa!*, al hablar de las labores que realiza el mariquita dentro de la hermandad, explica:

> La mujer considera al maricón otra mujer. Porque han visto que, siendo un hombre, ha hecho también las cosas que se supone que tienen que hacer las mujeres. El mariquita ha fregado, ha limpiado, ha hecho de comer... y ha puesto una puntilla. Entonces, han visto al hombre completo, que lo hace todo[111].

En esta declaración se invierte nuestro planteamiento anterior: aquí, el mariquita es un hombre-además-mujer y una mujer-además-hombre. En cualquier caso, el mariquita estará condenado a significar la fractura, a vivir a la intemperie de los grises. Será tolerado en función de cuanto sirva al resto de la comunidad, que le ha reservado los lugares raros, las funciones extrañas, y ha fabricado con ellas un molde, una pequeña ventanilla por la

---

110 Cáceres Feria et al., «Globalización y diversidad...,», s/p.

111 *¡Dolores, guapa!*, Pascual.

93

que el mariquita puede asomarse a respirar. Pero solo eso. En realidad, el mariquita andaluz no es nadie; es una estructura en la que muchas identidades, muchas personas, están forzadas a caber.

Lo que nunca podrá alcanzar la identidad del mariquita es lo absoluto. Ese derecho está reservado a aquellos para los que la norma fue diseñada, aquellos con el privilegio de que leyes, mapas y protocolos, contemplen y faciliten su existencia.

De esa existencia desamparada habla *Romance de la otra*[112]. La configuración discursiva de *Romance de la otra* es difícil de clasificar dentro del esquema que manejo[113]: no llega a ser una historia con planteamiento, nudo y desenlace[114]; tampoco una instantánea de la crisis amorosa. *Romance de la otra* es, en realidad, una etopeya a varias voces sobre un personaje convertido en arquetipo: la amante ilegítima. Al igual que en otras canciones que

112 León y Quintero, «Romance de la otra». Esta copla supuso uno de los mayores éxitos del trío Quintero, León y Quiroga y de la artista Concha Piquer a comienzos de la década de los cuarenta. Stephanie Sieburth achaca parcialmente este hecho al potencial que tuvo la letra de esta canción para que aquella España de los vencidos pudiera de alguna manera expresar cómo había quedado condenada a una vida de invisibilidad, vigilancia continua y duelo en silencio. No casualmente, de todas las coplas que analiza, es en el capítulo dedicado a esta en el que la autora se detiene a esbozar algunos puntos en común entre sus principales sujetos de estudio —el bando de los vencidos en la Guerra Civil— y los hombres homosexuales en la España del primer franquismo: también muchos vencidos que no eran homosexuales —explica Sieburth— habían quedado degradados y afectados en cierta forma por la invisibilización. Véase Sieburth, *Coplas para sobrevivir*, 217-235.

113 Acosta Díaz et al., *Poemas y canciones*, 43-44.

114 Es cierto que existe una secuencia narrativa, pero queda recogida únicamente en la segunda estrofa.

llevan por título el nombre simbólico-apelativo con el que llaman a la protagonista —un nombre que describe su sintomatología amorosa[115] (*La Lirio*[116], *La Parrala, La Zarzamora...*)—, también en *Romance de la otra* se nos presenta a nuestro personaje principal como una incógnita, como un cúmulo de interrogantes que nunca se despejan del todo, propiciando que el oyente rellene con su propia experiencia estas elipsis estratégicas, haciendo suyas las canciones[117]. Son las voces del vecindario las que hablan antes que ella, mediante esas voces establecemos la primera toma de contacto; comenzamos a saber acerca de nuestra protagonista, justamente, no sabiendo.

El señalamiento público describe a un sujeto aislado del resto de la sociedad, diferenciado, precisamente por no seguir los mismos hábitos, por llevar una vida que chirría. Sin duda, la protagonista de *Romance de la otra* esconde algún secreto. Quisiera llamar la atención especialmente sobre la sospecha que se refleja en los versos «¿Por qué no tiene familia / ni perrito que le ladre?». Por una parte, carecer de familia ascendiente implicaría—además de un fuerte componente de desarraigo— la presunción de alguna conducta amoral, alguna condición aberrante que ha provocado el rechazo hacia esta mujer por parte de aquellos de su propia sangre. Carecer de familia descendente, por otro lado, supone, de primeras —y, especialmente, en una mujer en la España de los cuarenta—, una ruptura con los patrones sociales. Inclu-

---

115 Para consultar la clasificación completa de fórmulas de denominación de los personajes en la lírica de Rafael de León véase Acosta Díaz et al., *Poemas y canciones*, 48-50.

116 León y Ochaíta, «La Lirio».

117 García García, *¡Ay, campaneras!*, 139.

so cuando esto ocurre en contra de la voluntad propia es motivo de vergüenza y de escarnio por parte del resto del pueblo.

Este es el caso de la solterona protagonista de *A la lima y al limón*[118], que desea casarse pero no encuentra pretendiente. El mariquita tenía en común con la solterona la imposibilidad de fundar un núcleo familiar propio. Por tanto, era habitual que no abandonaran la casa de sus padres, quedando, a menudo, relegadas las dos al cuidado de los progenitores cuando estos envejecían[119]. *A la lima y al limón* es uno de los números incluidos en la obra de teatro musical *En tierra extraña*, en la que se representa un encuentro ficticio entre Concha Piquer, Rafael de León y Federico García Lorca poco antes del golpe de Estado de 1936. Son estos dos últimos personajes los que entonan en conjunto la canción. *A la lima y al limón*, como he adelantado líneas atrás, cuenta la historia de una pobre chica que, mientras ve cómo todas sus amigas y sus hermanas se van casando, sigue esperando en su ventana, cada vez más desesperada, a algún mocito que venga a rondarla. Por eso, por estar tardando en encontrar novio —esto es, por no ir a la par, por no seguir los ritmos marcados desde fuera— «la vecinita» merece el señalamiento de todo el pueblo. *En tierra extraña*, sin embargo, plantea *A la lima y al limón* como uno de los momentos más luminosos de toda la obra. La letra lastimera de la copla adquiere, al ser interpretada con sorna por los personajes de Lorca y León —ambos hombres homosexuales—, un cariz paródico, incluso subversivo. Rafael ha escrito esa letra reflejando en su estribillo las coplillas maliciosas que los

---

118 León, «A la lima y al limón».

119 Cáceres Feria et al., «Globalización y diversidad...,», s/p.

niños inventan en sus juegos para burlarse de según qué actos o situaciones —llamadas al orden con envoltorio de melodías ligeras y juguetonas—, pero ahora él la canta jocoso con otro maricón. Y no la cantan para el público, se la cantan el uno al otro, se la dedican mutuamente. Adornada con alegres arreglos musicales y acompañada de una coreografía en la que los dos personaje revolotean por todo el escenario, *A la lima y al limón* se convierte en una especie de celebración de la diferencia, una reapropiación festiva del insulto. Lorca y León se saben *las otras* y, acercándose a un espíritu casi malditista, valoran positivamente, desde la rebeldía, la marginación impuesta desde fuera y contemplan las normas e instituciones sociales como elementos adocenados[120].

A la lima y al limón,
tú no tienes quien te quiera.
A la lima y al limón,
te vas a quedar soltera.
¡Qué penita y qué dolor! (bis)
La vecinita de enfrente
soltera se quedó,
solterita se quedó.

Volviendo a *Romance de la otra*[121], tras la sucesión de interrogantes por parte de los vecinos —con los que, más que preguntar, parecen estar afirmando algo—, el resto de la canción se convierte en una respuesta. A partir

---

120 Alberto Mira denomina «malditista» o «decadentista» a uno de los tres modelos de expresión y articulación de la homosexualidad que recoge en Mira, *De Sodoma a Chueca*, 24-27.

121 León y Quintero, «Romance de la otra».

del momento en el que rompe el estribillo, será ella, la protagonista, quien tome la palabra para explicarse a sí misma. Pero poco importa lo que trate de aclarar. El último verso antes de que ella se atreva a hablar nos anticipa cómo será recibida cualquier cosa que diga: como cuatro suspiros que nadie comprende. A pesar de ello, la protagonista no ceja en su empeño y estalla en una declaración desgarrada a medio camino entre el orgullo y el grito de auxilio:

> Yo soy la otra, la otra,
> y a nada tengo derecho,
> porque no tengo un anillo
> con una fecha por dentro.
> No tengo ley que me ampare
> ni puerta donde llamar,
> y me alimento a escondidas
> con tus besos y tu pan.
> Con tal que vivas tranquilo,
> ¡qué importa que yo me muera!
> Te quiero, siendo ¡la otra!,
> como la que más te quiera.

El personaje se nos presenta como un sujeto completamente desvalido, sin ningún tipo de protección. En este estribillo lleno de rabia, ella y el secreto que sus vecinos trataban de adivinarle quedan al descubierto. Aquello que la aparta de los demás, aquello que atraviesa todos los aspectos de su vida y que provoca su tristeza y su aislamiento no es otra cosa que un amor prohibido, un amor contrario a las leyes. Es el mismo tipo de amor que profesan las protagonistas de *La Zarzamora, Ojos verdes,*

Carcelera[122], *La Lirio, La Mariana, La Salvaora*[123]... También es la única clase de amor que a sus casi veinticinco años ha conocido la Palomita —y probablemente también la Gamba, la Tornillo, la Gran Señora, la Tonta del Quicio, la Macarena, la Esmeralda y tantas *otras*—.

El sacrificio que supone este amor que ocurre en clandestinidad ha despojado a nuestro personaje de absolutamente todo, incluida su propia autonomía, su identidad y su nombre —«El nombre que te ofrecían / ya no es tuyo compañera»—. Ese amor al margen es todo lo que tiene; la desgracia de no ser legítima, lo único que la define[124]. *Romance de la otra*, forma parte de ese grupo de coplas de las no-nombre, aquellos «yo» no identificados[125]. Pienso en Bosie Douglas y en la célebre expresión con la que cerró su poema *Two Loves*[126], que más tarde sería pronunciada durante las sesiones en las que su amante, Oscar Wilde, era juzgado por sodomía y *gross indecency*:

---

122 León y Valverde, «Carcelera».

123 León y Quintero, «La Salvaora».

124 Los atributos con los que Rafael de León reviste a su Otra recuerdan a aquel parlamento que declama Adela, el personaje de *La casa de Bernarda Alba*, hacia el final de la obra, poco antes de rebelarse contra el orden que representa su madre. Adela, como las protagonistas de nuestras canciones, también se asoma al abismo de la transgresión y se dispone a saltar, a esas alturas de la historia ya poco le importa el golpe. Refiriéndose a Pepe el Romano, el hombre que va a casarse con su hermana pero que se ve con ella en secreto, dice: «Seré lo que él quiera que sea. Todo el pueblo contra mí, quemándome con sus dedos de lumbre, perseguida por las que dicen que son decentes, y me pondré delante de todos la corona de espinas que tienen las que son queridas de algún hombre casado. [...] Yo me iré a una casita sola donde él me verá cuando quiera, cuando le venga en gana».

125 Acosta Díaz et al., *Poemas y canciones*, 50.

126 Lord Alfred Douglas, «Two Loves,» disponible en Poets.org, https://poets.org/poem/two-loves.

«I am the love that dare not speak its name»[127]. Tampoco este yo poético de Rafael de León se atreve a pronunciar su nombre. Mujeres nefandas; una vez más, sujetos que no pueden nombrarse, de los que causa horror hablar. En el estribillo de *Yo soy esa*[128], otra no-nombre proclama:

> Yo soy... esa,
> esa oscura clavellina
> que va de esquina en esquina
> volviendo atrás la cabeza.
> Lo mismo me llaman Carmen,
> que Lolilla, que Pilar...
> con lo que quieran llamarme
> me tengo que conformar.
> Soy la que no tiene nombre,
> la que a nadie le interesa,
> la perdición de los hombres,
> la que miente cuando besa.
> Ya lo sabes... yo soy esa.

Tras la revelación en el estribillo de *Romance de la otra*, llega la segunda estrofa. En ella, la protagonista da más detalles de su desgracia. Explícitamente, le está hablando a él, sin embargo, daría la sensación de que, mostrando su sufrimiento, intenta humanizarse de cara a la gente, buscar compasión.

> ¿Por qué no fueron tus labios —¡ay, tus labios!—
> que fueron las malas lenguas,
> las que una noche vinieron —¡ay, por qué!—

---

127 «Soy el amor que no se atreve a pronunciar su nombre».
128 León y Quintero, «Yo soy esa».

a leerme la sentencia?
El nombre que te ofrecían
ya no es tuyo compañera;
de azahares y velo blanco
se viste la que lo lleva.
Como fue tu voluntad
mi boca no te dio queja,
cumple con lo que has firmado,
que yo no valgo la pena. (bis)

Hay un detalle en esta historia que no debe pasar desapercibido. En el repaso que la protagonista hace de los hechos, el reproche que le lanza a él no es que se casara con otra persona, sino que no fuera él mismo el que le comunicara la noticia. Por lo demás, la Otra se muestra pasiva, con actitud de total resignación ante la voluntad del amado. Especialmente interesante resulta el último verso, que se repite: «Que yo no valgo la pena». La voz doliente que se deshace al cantar este último verso es consciente por completo de su posición de inferioridad. Que él la acabara abandonando siempre fue inevitable, casi su merecido.

En un momento de la entrevista, Antonio nos cuenta que estuvo cincuenta y ocho años con Joaquín, y resalta con orgullo: «Ni las mujeres mujeres están con el marido tanto tiempo»[129]. Ni las mujeres mujeres. Se puede ser una *mujer mujer* o una *otra*. En las primeras está la pureza del azahar y el velo blanco. Las segundas se reconocen impuras, incompletas, insuficientes, llenas de carencias si se comparan con una *mujer mujer*. No son aptas para el matrimonio, para el hogar propio, para parir hijos y

---

129 Millán Pérez, en conversación con el autor.

criarlos; para completar al hombre, en definitiva, que es lo que tiene que hacer una mujer.

Las *otras* recogen con recelo y rabia las migajas que caen de la mesa y las defienden con su vida porque saben que es a lo máximo a lo que pueden aspirar. También saben que su entrega al hombre ha de ser más bien una consagración: desmesurada, hiperbólica, capaz de compensar sus deficiencias. Así queda reflejado en la primera estrofa de *Dime que me quieres*[130], en la que el yo poético femenino se propone doblar la intensidad de cada hipotética condición de sacrificio que el amado pudiera imponerle:

Si tú me pidieras que fuera descalza,
pidiendo limosna descalza yo iría.
Si tú me dijeras que abriese mis venas,
un río de sangre me salpicaría.
Si tú me pidieras que al fuego me echase,
igual que madera me consumiría,
que yo soy tu esclava y tú el absoluto
señor de mi cuerpo, mi sangre y mi vida.

Este es el discurso amoroso de un sujeto subalternizado, en el que la experiencia del amor se manifiesta inevitablemente unida al sufrimiento. Dispuesto a todo a cambio de que el amado le diga que la quiere.

Dime que me quieres, dímelo por Dios,
aunque no lo sientas, aunque sea mentira,
pero dímelo.
Dímelo bajito,
te será más fácil decírmelo así,

---

130 León, «Dime que me quieres».

y el «te quiero» tuyo será *pa* mis penas
lo mismo que lluvia de mayo y abril.
Ten misericordia de mi corazón,
dime que me quieres, (bis)
dímelo por Dios[131].

La declaración de amor, la rendición completa al amado, a modo de pregunta, de llamada, de súplica. Está
dispuesta a tener que escucharlo «bajito», susurrado, en
secreto. Ni siquiera importa que no la quiera de verdad;

---

131 León, «Dime que me quieres».
* Sobre la imagen: la Palomita muestra a cámara una fotografía en la
que ella (izquierda), posa junto a uno de sus amigos, imitando un clá-
sico retrato de pareja.

vivir en la mentira, en la ficción, es suficiente. De todas formas, su amor nunca podrá ser un *amor amor*. Será, en el mejor de los casos, una puesta en escena del *amor amor*, un juego, un amor de mentira, un amor insuficiente, incapaz de completar, un *amor otro*. Y a pesar de todo eso, ella lo necesita para seguir viva.

HABITAR LA LIMINALIDAD

Como le ocurre al mariquita —hombre-no-hombre, mujer-no-mujer...—, la *mujer otra* también existe en algún lugar entre dos estados. En este apartado, propongo una lectura de esta *mujer otra* de la copla como una figura liminar. Tratando de conceptualizar al ser liminar, Victor Turner destaca, precisamente, la dificultad que este presenta a la hora de ser definido. Los atributos de aquellas personas que transitan la liminalidad —sostiene— son necesariamente ambiguos, indeterminados, ya que es propio de su condición el hecho de volverse escurridizos, de eludir la red de clasificaciones que fija los estados y las posiciones en el espacio cultural.

Las entidades liminares no están ni aquí ni allá; se encuentran entre las posiciones asignadas y dispuestas por la ley, la costumbre, la convención y lo ceremonial. Como tales, sus atributos ambiguos e indeterminados se expresan mediante una rica variedad de símbolos en las numerosas sociedades que ritualizan las transiciones sociales y culturales. [...] Las entidades liminares [...] pueden representarse como si no poseyeran nada. [...] Su comportamiento es normalmente pasivo o humilde; deben obedecer a sus instructores sin reservas, y aceptar los castigos arbitrarios sin sin quejarse[132].

Podemos relacionar muchos de los rasgos definitorios de la protagonista de *Romance de la otra*, comentados en el capítulo anterior, con esta definición que ofrece Turner. Para empezar, la Otra «no está ni aquí ni allá»: es una mujer —lo cual motiva una fiscalización de su comportamiento por parte del resto de la sociedad—, pero no es una *mujer mujer*. Tiene una relación con el hombre que ama, pero esta sucede en un vacío legal, a medio camino entre la casta amistad y el santo matrimonio. Asimismo, la Otra está representada «como si no poseyera nada»: queda desprovista de cualquier característica distintiva que defina su identidad más allá de su gran falta, no ser la *mujer mujer*; por no tener, no tiene ni nombre. El comportamiento de la Otra es «pasivo y humilde» hasta el extremo: está sometida a los designios del hombre que ama, depende por completo de él y no pide nada a cambio —si acaso, que le diga una mentira—.

La *mujer otra* de la copla encajaría fácilmente en el concepto de liminalidad que plantea Turner exceptuando una cuestión. Para el autor, la idea de liminalidad va ligada a una noción de transitoriedad y se explica vinculada, por ejemplo, a los ritos de paso entre la infancia y la adultez que existen en numerosas culturas[133]. Para *las otras* de la copla, la liminalidad a la que se enfrentan no se trata de un tránsito, de un proceso que las lleva desde un estado a otro. La liminalidad para nuestras protago-

---

132 Victor Turner, *The Ritual Process: Structure and Anti-Structure* (Ithaca: Cornell University Press, 1991), 95. Traducción propia.

133 En ellos, el ser liminar será tal durante un periodo concreto de tiempo: deja de ser *una cosa* para pasar a ser *ninguna cosa* y, así, finalmente, convertirse en *otra cosa*.

nistas es una suerte de estado-no-estado, un punto fijo, una habitación sin puertas. No circulan por lo indeterminado, sino que lo habitan; no atraviesan la ambigüedad, más bien, la ambigüedad las atraviesa a ellas. Ellas mismas son la encarnación de lo indefinible, de la fisura entre dos realidades bien fijadas, cerradas, concretas; y, como tal, están condenadas a una vida exenta de garantías, de las seguridades de las que las demás sí pueden gozar, del derecho a reclamar cualquier cosa.

Muchas son las letras que dan cuenta de este estado-no-estado[134]. Pero, si hay una copla que recoge con buen tino la cuestión de la liminalidad a la que aquí nos estamos refiriendo, esa es *Callejuela sin salida*[135]. Como ocurría en otros casos como *Y sin embargo te quiero* y *Madrina*, en *Callejuela sin salida* conocemos la historia porque la propia protagonista la recuerda, como si estuviera dando su propia versión de los hechos, hablándole directamente al tú poético. Esta copla —una vez más— cuenta la historia trágica de un amor prohibido. Una mujer se enamora de un hombre casado y él, por supuesto, le promete que siempre estarán juntos; pero, en la segunda estrofa, su esposa interviene y lo reclama, y nuestra protagonista no tiene más remedio que doblegarse ante

---

134   En un apartado anterior escribí sobre cómo, una vez concluida la canción, en *Tatuaje* el destino de la protagonista queda gobernado por la duda y el desconocimiento, pendiente de alguna certeza sólida a la que aferrarse para seguir adelante con su vida; una mujer obsesionada con un amor que está lejos, sufriendo una ausencia tan fuerte que se convierte en presencia.

135   León y Quintero, «Callejuela sin salida». Existen varias versiones de esta canción, entre ellas, una arreglada especialmente para la película *Lola la piconera*, dirigida por Luis Lucia y estrenada en 1951. Aquí, me referiré a la versión de 1943, probablemente la letra original.

lo legítimo, ante una norma que es mayor que ella y asumir sin quejas el abandono del ser amado, que la deja porque, sencillamente, debe «cumplir con su obligación» como hombre.

Pienso en las historias de amor de Antonio, en sus romances de juventud con esos hombres casados que se le insinuaban y con los que él establecía relaciones basadas principalmente en encuentros sexuales que se sucedían con mayor o menor frecuencia. Antonio recuerda esa época de idas y venidas entre risas y cuenta las anécdotas cargándolas de picardía. Hasta que conoció a Joaquín.

En ese momento, comienza la segunda estrofa de una copla que podríamos titular *Romance de la Palomita*. Como ella, en la primera estrofa de su canción, también la Zarzamora estaba con unos y otros y se reía de ellos. Pero, para cuando rompía el estribillo, la Zarzamora ya aparecía llorando por uno del que se había enamorado de verdad. La continuación lógica de la historia de Antonio, la Palomita, sería esa: Joaquín le anuncia de repente que se casa con una *mujer mujer*. «¿Es que no brillan mis ojos? ¿Es que no vale mi boca? / ¿Es que las otras te besan de una manera especial?», dice la letra de *A ver si me quieres*[136]. Como el protagonista masculino de *Callejuela sin salida*, Joaquín cumple con su obligación de hombre y abandona a la Palomita, o, en el mejor de los casos, sigue yendo a verla —sin que su mujer se entere, claro, eso forma parte de la obligación—, agasajándola con regalitos, con atenciones cuando él considera conveniente, con las palabritas justas para mantenerlo todo en marcha, *alimentándola a escondidas con sus besos*

---

136 León y Quintero, «A ver si me quieres (A las altas estrellas del cielo)».

y su pan. Porque, ¿qué iba a hacer si no Antonio? ¿A dónde iba a ir? ¿Quién iba a ofrecerle algo mejor? Sería eso o nada. Ese era el sino de la Palomita, así estaba estipulado, esa es la única forma de cariño al que personas como ella podían aspirar:

> Callejuela sin salida
> donde yo vivo *encerrá*,
> con mi pena, mi alegría,
> mi mentira y mi verdad.
> Me he perdido en la revuelta
> de una sortija *dorá*.
> Ni estoy viva, ni estoy muerta,
> ni soltera ni *casá*.
> Y en mi calle sin salida
> yo no puedo caminar,
> ni de noche, ni de día,
> ni *pa alante*, ni *pa* atrás. [...]
> La razón clavó mi puerta[137],
> no puedo entrar, ni salir.
> Ni estoy viva, ni estoy muerta,
> ni contigo, ni sin ti.

Antonio-la-otra condenado a una liminalidad estática, eterna, gobernada por el capricho de un hombre que simplemente se comporta como deben comportarse los hombres; una liminalidad que no conduce a ninguna parte, que lo obliga a amar en secreto, a amar en alerta,

---

137 No es de extrañar que para el *amor otro*, el que se conforma con vivir de la mentira, la razón sea uno de sus mayores enemigos. Esa razón, entendida como *sentido común* o como la norma impuesta por los hombres y asimilada como ley natural, es la tapia altísima que encierra a nuestra *mujer otra* en su callejuela sin salida.

y a resignarse a ello, como tuvieron que hacer muchas *otras*, la mayoría. La Tornillo, sin ir más lejos, una de sus amigas, confesaba a Joaquín Arbide:

> Yo me enamoro mucho, pero soy más *desgraciá* que un búca-ro. Y esa es la pena mía, que no me quiere nadie. No me cuaja *ná* de lo que emprendo. Pero yo sigo *palante*. ¿Me voy a amargar? Yo siempre he tenido un por qué y una esperanza en algo.

También Carmela y Cristina, flamencas del cuadro de la Esmeralda, se mostraban curtidas en lo peor del amor: «De los hombres prefiero no hablar, porque son todos unos desagradecidos y unos canallas. Así que yo no quiero hombres. Lo que quiero es dinero», dice una. «Lo mío es cantar. Y de mi casa a la Venta y de la Venta a mi casa. Y no me caliento la cabeza con amores ni hombres», dice la otra[138]. La propia Esmeralda, en el documental biográfico[139] ya mencionado, describía brevemente la única vez en la que estuvo enamorada:

> No voy a ser falso. Estuve enamorado. Con diecisiete años me enamoré de un hombre. Estuve cinco años con él. Pero vamos, hacíamos la vida como hermanos, ¿no? Y... y no... Y ya eso se borró. Porque él se casó y se borró.

«Se borró». Por cómo lo dice, se intuye que poca voz tuvo la Esmeralda en la toma de esa decisión. «Como fue tu voluntad / mi boca no te dio queja, / cumple con lo que has firmado, / que yo no valgo la pena»[140]. Imagino de nuevo a Antonio-la-otra en su calle sin salida, conformándose irremediablemente con lo que el destino le tiene reservado: un amor a puerta cerrada, un amor en

---

138 Las declaraciones de la Tornillo, Carmela y Cristina aparecen recogidas en Arbide, *La Sevilla golfa*, 123-125.

139 *La Esmeralda...*, Arbide.

140 León y Quintero, «Romance de la otra».

los márgenes, un amor que vale menos que otros amores, que a ojos de la ley no existe, no puede existir.

Pero Joaquín se quedó.

Esto es lo excepcional de nuestra historia: el hombre de *Romance de la Palomita* decidió que no vendría a ver a su protagonista de noche, escondiéndose de las vecinas. Este se quedó con ella para siempre. Cumplió su promesa, permaneció a su lado y transgredió, así, la estructura de la canción.

ESTRIBILLO

Antonio hablaba de Joaquín todos los días. Tuvo que hacer malabares con las nomenclaturas para dar con una manera de nombrar a Joaquín que lo distinguiera de todos los demás. ¿Cómo nombrar un amor que no se esperaba? Sus amigas mariquitas —y él mismo— se referían a los hombres que se paseaban por sus vidas como los *tíos*, los *machos*, los *chulos*, los *queridos* y, en algunos casos en los que se cogía una confianza especial durante el paseo, los *amigos*. Antonio echa mano de esta palabra: su Joaqui, será para siempre su *amigo*, «mi *amigo*». Priva de esa denominación a todos los que hubo antes y se acabaron yendo. Lo explica cuando nos cuenta la anécdota de su excursión al río con amigas y amantes: «Iban también dos o tres machotes, los queridos, no amigos..., no me gusta decir «amigos» porque entonces no era *mi amigo*, era otro»[141].

Mi amigo es el título que se le dio a uno de los poemas de Rafael de León en su versión musicada[142]. En él, el yo poético recrimina al amado lo que a todas luces

---

141 Millán Pérez, en conversación con el autor.

142 Para ser interpretado por mujeres, el poema original de León, titulado *Duda*, sufrió alteraciones en las marcas de género, de manera que el yo poético pasara a ser femenino.

parece una infidelidad, va señalando indicios, marcas en su cuerpo. Pero, para mí, es en los últimos cuatro versos donde radica la clave de este poema:

¿Qué azul de vena o mapa te condena
al látigo de miel de mi castigo?
¿Y por qué me causaste esta pena
si sabes —¡ay, amor!— que soy tu amigo?[143]

Escurrirse entre los absolutos, habitar las fisuras, tiene también un valor positivo. Un amor ilegítimo, sin leyes, también es un amor libre. Un amor que no deja de ser castigo, látigo; pero látigo de miel. Un amor, sobre todo, que no está condicionado por mapas ni azules de vena, por las normas y las estructuras del *amor amor*. El *amor otro* es una página en blanco en la que los amantes, «juntos, sin bandera»[144], pueden escribir su propia canción.

Nadie comprende lo nuestro,
es algo maravilloso.
Nadie nos pregunta nada
porque ya lo saben todo.

Novio tuyo,
siempre novio.
Por la tarde los dos juntos,
por la noche los dos solos,
por la mañana cogidos
del brazo el uno del otro.

No nos casaremos nunca
y seremos siempre novios[145].

---

143 León, «Duda».
144 León, «Encuentro».
145 León, «Novio».

* Sobre la imagen: Antonio y Joaquín se besan escondidos en un fotomatón.

CONCLUSIONES

Este trabajo nace de mi fascinación por las historias que Antonio nos contó a mis amigas y a mí. A lo largo del mismo, he buscado en otros textos ecos de esos relatos, tratando de completarlos, de decodificarlos, de acercarme a ellos con una mirada que me permitiera comprenderlos del todo.

Probablemente, uno de los motivos de aquella primera fascinación fuera el impacto que me causó descubrir en alguien un entendimiento y una vivencia de cuestiones relacionadas con el género y la sexualidad que diferían radicalmente de los que yo y mi entorno conocíamos. Antonio había encarnado un modelo de homosexualidad masculina cuyas claves hemos repasado en la primera parte de esta investigación. Ser mariquita en el contexto en el que él vivió su juventud estaba determinado, no necesariamente por el hecho de ser un hombre que deseaba a otros hombres, sino por varias marcas de expresión de género que quedaban concretadas en ciertas funciones, actividades y comportamientos. En base a estos, se desplegaba todo un aparato que permitía a los hombres afeminados de la Andalucía franquista tener acceso a la esfera pública; un acceso siempre mediatizado por el valor de utilidad que estos sujetos pudieran aportar al resto de su comunidad.

Antonio asumió con bastante facilidad el papel que se había diseñado para las personas como él: trabajó como pintor de brocha gorda y cosió para la calle; cantó, bailó y contó chistes siempre que hizo falta —porque a él le gustaba hacerlo y porque a los demás les gustaba que lo hiciera—; se movió por espacios ambiguos, entre lo masculino y lo femenino. Y disfrutó de ello. Una realidad que, a todas luces, hoy se nos podría antojar limitada y represiva, no era percibida como tal por Antonio, quien siguió sin mayor inconveniente —sus aptitudes se lo permitían— el carril marcado.

Esa mayor visibilidad que posibilitaba el modelo andaluz encarnado por Antonio no se aplicaba al ámbito del amor y el deseo. Cuestiones como estas, tan determinantes en la configuración de la subjetividad de un individuo —tanto es así que, precisamente, definen la homosexualidad en el modelo globalizado actual—, debían ocurrir en secreto. Atendiendo al carácter tan íntimo de este objeto de estudio, me sirvo de la historia oral de Antonio —que parte directamente desde lo subjetivo— como herramienta excepcional para comprender cómo funcionaban las experiencias románticas y sexuales de personas disidentes como la Palomita. Hago dialogar los recuerdos de Antonio con las coplas escritas por Rafael de León, historias de amor y desamor que formaron parte esencial de la cultura popular de la España franquista. Estas letras suponen un material tremendamente valioso para mi estudio en la medida en que, a través de la reapropiación, dotaron a Antonio de una estructura sentimental en la que poder apoyarse para conformar y comprender la experiencia amorosa propia.

En estos textos que el grueso de la población cantaba a coro con las artistas que sonaban por la radio, Antonio pudo encontrarse con personajes que, como él, vivían un deseo que rebosaba las lindes de su continente, que estaban condenados a habitar la liminalidad, a no existir ni aquí ni allí. Personajes que gestaban amores que *no debían ser*, amores que eran al mismo tiempo fuente de gozo y de pena.

En la segunda mitad de esta investigación, planteo la premisa radical de que todas las historias de amor que cuentan las letras de Rafael de León son historias vividas por maricones. Lo que verdaderamente pretendo al acercarme con perspectiva de género hacia estos textos es conectar a la mujer y al maricón a través del componente de lo subalterno. Las historias de la copla plantean un modo de entender las relaciones amorosas en el que se da una categorización: existen unos sujetos que aparecen subordinados a otros. Podemos afirmar que los que están por encima siempre son hombres[146], pero resulta más complejo constatar que el sujeto subalterno sea siempre una mujer; al menos, no una *mujer mujer*, como diría Antonio. Las protagonistas de estas canciones eran sujetos femeninos —o *afeminados*— que poco tenían que

---

146 Aunque en este mismo trabajo se proponen algunos apuntes al respecto, resultaría de gran interés un estudio en profundidad acerca del tratamiento de la figura del hombre en las letras de Rafael de León; sobre todo, en relación con el modelo de masculinidad vigente en su contexto. Pienso en las reflexiones de Sieburth sobre los hombres del bando de los vencidos y en el joven pobre y huérfano aspirante a torero de la copla *Romance de valentía*. ¿Podría también desarrollarse una conceptualización del *hombre hombre* en oposición al *hombre otro*?

ver con el modelo de mujer que promocionaba el régimen. No son dulces chicas virginales que esperan hasta el matrimonio para acostarse con un hombre, beatas que se dedican alegremente abnegadas al cuidado del hogar, que paren hijos y los crían con entrega absoluta, chicas correctas, decentes. No. Son madres solteras, prostitutas, cabareteras, amantes ilegítimas, mujeres que vagan sin rumbo por las tabernas de los puertos, borrachas, entregadas al vicio, chicas torcidas, indecentes. Las mujeres de la copla son, en definitiva, *mujeres otras*; subalternas de las subalternas.

Durante su juventud, Antonio se sintió afortunado al verse capaz de atraer a los hombres. Buscó en ellos la experiencia del amor y el deseo como una fuente de felicidad. Pero, al mismo tiempo, su vivencia tuvo que estar sujeta a la clandestinidad, a la dolorosa conciencia de saberse no *mujer mujer*, sino *mujer otra*, de no poder aspirar al *amor amor*, sino al *amor otro*. La Palomita no tuvo más remedio que conformar gran parte de su subjetividad en los márgenes. En esos márgenes, convivió con la Zarzamora, la Lirio o la Parrala. Él fue también la eterna solterona señalada por los niños, la amante que no tiene ley que la ampare ni puerta a la que llamar, la madrina que guarda un amor en secreto, la madre soltera que borda pañales llorando mientras espera que vuelva padre de su criatura, la mujer errante que busca de puerto en puerto a aquel marinero cuya caricia lleva tatuada en la piel, la inocente Lola que se deja engatusar por Manuel Centeno, la que no tuvo valor para ser buena, la sin nombre, la que a nadie le interesa.

Su testimonio es también el testimonio de todos estos personajes. Cuando Antonio habla, hablan a través de él todas *las otras*.

ANEXO

TRANSCRIPCIÓN DE LA ENTREVISTA A ANTONIO MILLÁN PÉREZ, LA PALOMITA

Antonio falleció el 20 de febrero de 2022. Para entonces, yo ya había planteado esta investigación pero no había llegado a entrevistarlo específicamente para ella. Tuve que recurrir, por tanto, a otro archivo: una entrevista que grabé con él para un proyecto anterior, el largometraje documental *¡Dolores, guapa!*[1]. La película explora la presencia histórica del mariquita en el ámbito de la Semana Santa sevillana y, por consiguiente, cuando realicé esa entrevista a Antonio, insistí en cuestiones afines a esa temática. No obstante, la copla y, lo que es más importante, la historia de vida de Antonio, aparecen sin duda en ella.

Más que una entrevista al uso, la planteé como una conversación en la que Antonio (A) fuera comentando su álbum de fotos personal. Me ayudaron a hacer las preguntas mis amigos Rafael Garhés (R), el primero en conocer a Antonio a través del voluntariado, con quien Antonio tenía más confianza, y Javier Bazán (J), que ya lo había visitado conmigo en alguna ocasión. Para mis intervenciones he empleado la abreviatura JP.

---

1 *¡Dolores, guapa!*, dir. por Jesús Pascual (Sevilla: 2022; Sala 46 Films).

❧

J: Las fotos son muy antiguas.

A: ¿Y yo, no soy antigua? [...] [*Sobre la imagen de la página 117*] Las máquinas esas que había antes. Entrabas y al segundo te hacía... Mientras le hacía una paja en la cabina.

A: [*Sobre la imagen inferior*] Un mariquita de Coria del Río. Ese trabajaba en la venta de la Esmeralda. No sé si vive o no vive, era de Coria del Río, de donde los barbos.

A: [*Sobre una fotografía de una niña pequeña, en blanco y negro*] Una niña de una que vivía en San Gil. [La

foto] la hacía ella, las hacíamos allí en casa. Porque yo cuando se casó la madre le hicimos el traje de gitana y le pintamos el piso, la madre de la que está ahí, de la niña esa. [...]

R: Este es tu pelo, ¿no? [*Sobre imagen inferior*]

(*Antonio asiente*)

R: Y las tetas, Antonio. ¡Qué pecho tan bonito!

A: (*Ríe*) ¡Coño! Me ponía el sujetador y parecía que tenía tetas.

[*Fotografía de la Gran Señora*]

R: ¿Y esta es la Gran Señora? [...] Explícale quién era la Gran Señora.

A: Un mariquita que vivía en San Gil. Ha muerto también hace unos pocos de años. Ese ha muerto.

R: ¿Qué es lo que hacía él?

A: Modisto.

J: ¿Y por qué lo llamaban la Gran Señora?

A: Porque era guapísimo.

R: Y muy alto.

A: Cerca de dos metros. Uno noventa y tantos. Se me van ya las cosas.

[*Foto de Antonio*]

J: ¿Esto de qué año puede ser, Antonio?

A: Pues del 65 o 64. [...] Yo muchas veces no me quiero ni ver las voy a romper un día todas.

[*Foto de la Gran Señora con una niña*]

A: **Esa niña es de La Palma del Condado.** Los padres de esa niña han muerto ya también. Eso es en La Palma del Condado, donde yo nací.

R: ¿Vosotros cómo os conocíais? Tú, la Gran Señora...

A: Yo me vine aquí a trabajar con diecinueve años a Sevilla. [...] Me vine yo a pintar una tasca que había en Duque de Cornejo, una taberna. Y entonces, con la Gran Señora en la misma casa vivía otro que se llamaba Vicente. [...] Con el Vicente salíamos más a la calle, salí yo con el Vicente y entonces conocí a la Gran Señora. En la misma plazuela vivían cuatro maricones, en la misma. Los que hay aquí ahora mismo. [*Se refiere a Rafa, Javier, él mismo y yo; se ríe*] Un patíbulo (sic).

R: Todos los amigos maricones que tú conocías, toda esta gente, ¿todos erais pintores o a qué os dedicabais?

A: El Vicente trabajaba en Semengar, planchando en esa planchadora que había de vapor; en Semengar, que estaba en la calle Torneo. Semengar creo que era la casa, ya ni me acuerdo.

R: ¿Y había muchos mariquitas pintores, no?

A: (*Resopla*) ¡Yo conocí a unos pocos! Por ahí tengo también una foto de otro que tiene muy pocos pelos. Pero la Gran Señora se metió a pintor. Era modisto, pero como, bueno, hace sesenta años no estaba la cosa tan... Hablo de trabajo; se trabajaba muchas horas y se ganaba muy poco. Y costura no había siempre. La costura cuando nos hacíamos los trajes o los trajes de novia que hacíamos.

JP: ¿Los trajes os los hacíais ustedes, Antonio?

(*Antonio asiente*)

J: Y si no había costura pues pintabas...

A: Claro. Y yo no sé lo que ganábamos pintando. Ganábamos cinco pesetas o siete cincuenta, ya ni me acuerdo de eso. ¡Y fíjate todo lo que ganan hoy los pintores!

R: Pero vosotros pintabais y hacíais más cosas, ¿no? Empapelabais...

A: Los otros no hacían tanto, yo porque era... No es que fuera más listo, es que me gustaba si había que poner azulejos, si había que empapelar, empapelaba. Ellos me ayudaban, pero la voz cantante en el tablao la llevaba yo.

J: Eras el encargado.

A: No el encargado. A mí nunca me ha gustado eso de encargado, ni de maestro, ni de tú más... Era entre los obreros, entre los que nos juntábamos...

J: Eras el que guiabas.

(*Antonio asiente*)

R: Y a ti te contrataba la gente porque iba de boca en boca, ¿no?

A: Claro. Pintábamos una casa o empapelábamos y los mismos vecinos se iban... Yo me hice mi tarjeta también de pintor y empapelador, pero entonces no teníamos ni teléfono, el teléfono de un vecino que nos lo dejaba. ¡No me quiero poner triste, eh! [...] Entonces conocí a la Gran Señora. De la Gran Señora conocí a Manolito Díaz, de San Bernardo; la Macarena, de aquí, de Duque de Montemar; la Esmeralda —la Esmeralda vivía [...] en San Basilio—, La Tornillo, la Cristina Onassis, la Macarena —que era esa de ahí—, uno que era muy guapo, que era del Cerro... no me acuerdo ahora mismo de cómo se llama. La Gamba era de una época de antes de nosotros.

R: La Butaca Loca era otra, que es un mote que a mí me hace mucha gracia.

A: (*Se ríe*) Ese vivía en Triana, en la calle San Jorge o por allí.

J: ¿Y por qué lo llamaban Butaca Loca?

A: Porque era jorobado de detrás y de delante. (*Se ríe*) Era dromedario. ¿Tú sabes los dromedarios lo que son? ¡Los camellos, coño, los jorobados! (*Se ríe*)

R: Cuéntales cuando te llevaron a Triana, al río, a hacer brujería.

A: (*Se ríe*) Entonces estaba la Gamba, tendría yo entonces diecinueve años. En Triana, debajo de un puente que era de madera. [...] Había por lo menos quince maricones. La Gamba, muy delgado, parecía una momia. (*Se ríe*) Dice: «¡Niña!». Yo, fíjate, con diecinueve años, entonces se venían hasta los maricones detrás mía. ¡Yo ya no tengo ni dientes! Entonces, la Gamba con un chal —parecía...—, con un chal de esos celestes así [envolviéndole la cabeza]. [...] Y quería que yo hiciera brujería. Y yo: «¿Brujería? La brujería la hago yo con mis queridos por la noche: se acuestan muy chicas y se las pongo largas». (*Se ríe*)

J: Le echabas unos polvos mágicos.

A: No, yo le echaba una saliva en la punta. (*Se ríe*) Eso no vayas a grabarlo.

J: Eso no, que lo ven los niños.

A: Que me van a encerrar en la cárcel. [...]

R: Porque tu novio trabajaba en otra cosa, ¿verdad? Joaquín era...

A: Mi novio era pescadero. Vamos, que trabajaba en el pescado. En el Barranco, porque nació en la calle Goles.

R: El Barranco es el mercado que hay ahí en el puente de Triana, la lonja del Barranco.

A: Que había. [...] Luego lo pusieron afuera, ahora es Mercasevilla, ya eso no existe en Triana ni nada.

R: Porque él no era mariquita...

A: ¿Él mariquita? ¡Coño! Él quería que tuviera amistades con todos los mariquitas, pero decía que todos juntos no, o él o los maricones. Y yo lo prefería a él a los maricones.

J: ¿Te reías más?

A: Me reía y me metía el nabo (*Se ríe*)

J: Vamos a tener que ponerle dos rombos rojos al vídeo.

A: ¿Dos rombos? Habría que ponerle por lo menos catorce. [...] También vivía uno en San Gil con la Gran Señora y conmigo que era lo más feo y lo más *saborío* que había en el mundo entero, le decían la Tonta del Quicio porque estaba siempre en la puerta de lado. Y era un maricón muy *saborío* y muy feo. Además de feo, porque hay feos que son simpáticos. [...]

R: En esta época los mariquitas pintaban pero los hombres hacían otras cosas, ¿no? En plan, los hombres...

A: ¿Los machos? Los machos estarían uno en un banco, otro en una oficina, otro en almacenes, cada uno en su oficio.

R: ¿Y tú quedabas con los machos?

A: ¿Yo? Mira, le pintaba yo a muchos machos su casa y decía el macho: «¿Con quién me acuesto: con mi mujer o contigo?». Digo: «Con los dos. (*Se ríe*) Pero yo tres no quiero, así que o tú, o te acuestas primero con tu mujer y después conmigo». [...]

R: Me llama mucho la atención porque tú me has contado alguna vez que ibas a pintar las casas y te decían: «Luego te veo en la placita de San Gil». [...]

A: (*Se ríe*) Mira, te voy a contar otra, no sé si te la he contado porque estoy perdiendo la cabeza. Fuimos una vez a una ribera, a La Algaba, a San Jerónimo, una ribera que había, el río, íbamos a bañarnos. Íbamos la Gran Señora, el Vicente, cuatro o cinco mariquitas. [...] Íbamos en el autobús, coño, en Damas. Nos paraba en la carretera e íbamos ya nosotros. Estaba esa ribera [...] en un carril que hay una curva, Manzanilla, antes de llegar a Manzanilla. [...] Entonces no existía La Algaba, existía pero no está como está ahora. [...] Entonces estábamos los cuatro... (*Se emociona*) [...] Y había un cateto allí. Nosotros hicimos como una choza de ramas a la vera del río. [...] La cerveza, los pimientos fritos, los tomates aliñados... [...] Iban también dos o tres machotes, los queridos, no amigos..., no me gusta decir «amigos» porque entonces no era mi amigo, era otro. Y cuando se acercó aquel tío a mí... (*Se ríe y marca con los dedos una extensión exagerada, refiriéndose a la medida de su pene*) [...] Dice: «Te la voy a meter». Digo: «¿En el culo me vas a meter tú a mí eso? ¡Eso se lo metes tú a tu madre!». Me la metió por detrás de las piernas, por detrás, entre los glúteos, pero no en el *bujero*. Y yo digo: «¡Dios mío!». Y la mía se puso para arriba. [...] Y después dice: «Espérame esta noche, que esta noche voy a verte». Y digo: «¿No tienes bastante?». Ya yo vivía en San Gil.

J: ¿Y vino a San Gil a verte?

(*Antonio asiente*)

R: ¿Y las vecinas tuyas eran cotillas, estaban pendientes?

A: No, porque cuando venía... Se sentaban en el fresco a las nueve o las diez, pero se creían que venía en busca mía para un trabajo. Entonces yo tenía más vergüenza que tengo ahora, ahora no tengo ninguna.

R: Antonio, ¿y no se reían de vosotros por ser mariquitas cuando, por ejemplo, ibais en el autobús...?

A: (*Niega con la cabeza*) Yo te lo he dicho eso muchas veces. Los albañiles trabajando en la obra —pero eso era...—: «¡Maricones, qué buenos estáis!». Pero eso era...

J: ¿A malas nunca?

A: (*Niega con la cabeza*) Jamás en la vida. Jamás. Yo no he tenido nunca un tropiezo con nadie, ni con amigos... ¡Coño, los vecinos de la calle! Los vecinos de la calle locos por que les cantara y les bailara.

R: ¿Tus padres también estaban bien con que fueras mariquita?

A: Mi padre me quería a mí con locura, y mi madre, y mis hermanos y mis hermanas, y mi familia, te lo he dicho muchas veces. Mi padre eran nueve hermanos: ocho varones y una hembra. Y mi madre, cinco: tres varones y dos hembras. Fíjate todos los hijos que tuvieron. Y primos hermanos conté una vez más de setenta. Le decían a mi familia en el pueblo los Jaramagos.

R: Porque crecían mucho.

A: (*Asiente*) Pero sin maldad, los motes que se ponían.

J: Y tú, ¿nunca has tenido un mote?

A: Yo siempre he sido Antonio o el Canete, porque cuando chico era muy rubio y de «cano», «canete». Y cuando vine aquí a Sevilla me decían la Palomita, porque siempre estaba vestido de blanco.

J: La Palomita de San Gil

A: Hombre, me decían la Palomita, «de San Gil» porque viví en San Gil muchos años. No me gusta decirme eso porque no... Palomita no hay más que una. Pero porque yo siempre era muy limpio e iba siempre vestido de blanco. Eso te lo juro que no me levante yo de aquí.

R: En aquella época ibais allí a los bares, al Pumarejo, ¿no?

A: Yo en aquella época, algunas veces, de tanto admirador me molestaba. (*En voz baja*) Pero no me molestaba cuando se ponían de noche a follar. (*Se ríe y señala a la cámara*) ¡No vayas a poner eso!

R: Había un bar donde tú conociste a Joaquín, ¿no?

A: No, a mi Joaqui lo conocí yo en Duque Cornejo. Yo iba al Pumarejo, por detrás, a la calle Aniceto Sáenz, que había una fonda (*En voz baja*) para follar. Para follar o hacerle la paja o... Y por aquí, en Padre Manjón, también (*En voz baja*) follaba. (*Se ríe*)

J: ¿Y en la muralla?

A: Lo mismo. Pero entonces no se decía «follar»: (*En voz baja*) «Venga, hazme la paja» o «Chúpamela». A mí que me dieran por culo no me ha gustado nunca. Hombre, algunas veces, si el tío se ponía pesado. Pero no, porque después el dolor... (*En voz baja*) Prefería mamársela. Lavadito recién perfumado... El cirio para arriba.

J: Como si fuera Semana Santa, la cruz de guía.

A: (*Se ríe*) La cruz de guía iba con faroles.

R: ¿Tú estabas todo el día en la calle entonces?

A: (*Se ríe*) Todo el día en la calle. Cuando trabajaba me lavaba los cuatro pelos en un bañito así... y a esperar al que venía. La Gran Señora vivía en una habitación y yo vivía en otra. Pero de noche venían los tíos en busca de las mariposas.

JP: Y en esa época, ¿cómo se ligaba?

A: ¿Cómo se ligaba? Pues los vecinos de la calle sabían que tú eras mariquita, pues iban en busca tuya.

J: ¿No quedabais en los bares ni os echabais miraditas?

A: (*Niega con la cabeza*) Yo eso no, por lo menos yo en aquella época yo no hacía eso. Nosotros, los demás en la misma calle, en la misma plazuela viviendo, venían... Algunos querían con la Gran Señora, otros no querían ni verla, nada más que querían conmigo, que yo era más apañado. Y el *saborío* creo que no se comió nunca un rosco. Pero vamos, ¡Dios lo tenga en su Santa Gloria! (*Se ríe*)

JP: Además de simpático tú es que cantabas, te sabías poesías...

A: Y follaba. (*Se ríe*) ¡No vayas a poner eso! (*Se ríe*) «¡No, no, no! ¡La Gran Señora no! ¡La Palomita, la Palomita!».

JP: ¿Eso decía la gente?

A: ¡Los tíos, coño!

R: Y las canciones, ¿cantabas mientras pintabas?

A: ¡Pues claro! Me las aprendía de oírlas en el radio, oía una canción y al otro día o a la hora la cantaba yo igual. Ya no puedo decir ni una estrofa.

R: ¡Anda ya! Si tú me has recitado a mí.

A: Ahora te voy a recitar algunas cosas.

J: ¿Tú eres de la Macarena, Antonio?

A: De la Macarena. A mí me gustan todas las de Sevilla, todas, pero la Macarena...

R: ¿Tú has estado alguna vez en una hermandad, Antonio?

A: No. Estuve en La Palma, antes de yo venirme, un año o dos que salí con la de allí, con la de La Palma.

J: ¿Pero aquí nunca has salido de nazareno ni nada?

A: No. Mi amigo, mi amigo salió más de treinta años en la Macarena.

J: ¿Y tus amigos salían de nazareno? La Gran Señora...

A: Salíamos a ver la Semana Santa, como sale todo el mundo. ¿Tú sabes el chiste ese? (*Mira a la cámara*) Te miro a ti porque voy a decir palabras feas.

R: ¿Qué chiste?

A: Un mariquita que no tenía trabajo y lo buscaron para sacar al Cachorro, de costalero. Y se metió el mariquita debajo del paso —fíjate que sale de Chapina— y el mariquita dice: «¡Oy! Aquí me meto yo, con los costaleros. ¡Qué buen olor a macho!». [...] Y cuando llegan al Puente de Triana se levantan los faldones para arriba y dice el mariquita: «¿Qué Cristo es este?». Le dice uno que estaba a la vera de él en el puente: «El Cachorro». Y dice: «¡Pues cuando sea padre lo va a sacar su puñetera madre!». (*Se ríe*) [...] El mariquita cuando se metió mecía el paso mejor que nadie. (*Se ríe*) ¿Ese no te lo había contado, no?

R: No, ese no.

A: Te voy a contar otro. Un mariquita que estaba muy malamente de trabajo, hizo un trabajo y pudo comprar una pierna de cordero. Dice: «¡Coño, hoy me voy a poner con mi marido morado de carne a la

caldereta!». Y se encuentra a otro, otro mariquita, y empiezan los dos [a charlar] y suelta la cesta con la pierna de carne. Y viene un pastor alemán y le da un bocado a la pierna y se lleva la pierna. Y el mariquita: «¡Chucho, chucho, chucho, feo, perro, suelta esa pierna, suéltala!». Corriendo dos o tres vueltas por el pueblo, el mariquita con la lengua fuera. Y ya, viendo que no podía coger al perro, dice: «¡Hijo de la gran puta, tú te la llevarás, pero no te digo los ingredientes que le tienes que echar!». (Se ríe) [...]

A: [Refiriéndose a la imagen izquierda] Eso es en una fiesta que dimos en Nochevieja. El guayabo también estaba bien despachado. (Se ríe) Pero ese niño tenía ya veintiún años. [...] Eso lo hacíamos en una calle que hay a la vera del Bar Plata —coño, no me acuerdo de la calle—, allí dimos la fiesta. Y todos los años estrenaba yo un vestido de esos.

R: Y en Semana Santa, ¿qué hacíais, trabajabais?

A: En Semana Santa tenía más trabajo que nunca porque la gente pintaba todos los años en Semana Santa. Y la costura la hacíamos o cuando se casaban o cuando yo me vestía.

R: Y las procesiones las veíais por la noche.

A: Claro. Cuando yo vivía en San Gil , vi un año o dos salir... Salía de allí, de San Gil, no de la basílica. La veía muchas veces en la Resolana, en frente del bar Esperanza. Y en Vizcaíno le canté. Eso no lo esperaba nadie. No lo esperaban porque se creían que los mariquitas nada más que bailábamos o cantábamos. Y había dos o tres para cantarle, pagados, en frente del Vizacíno, en una peluquería que se llamaba Luis, peluquería Luis. En aquel tiempo que yo digo. Cuando canté la saeta lloraron de lo bien que la canté, y que la canté con tanto sentimiento. Después los comentarios decían: «Yo me creía que este mariquita cantaba o bailaba, no saeta». Eso te lo juro que no me mueva de aquí, ¿eh?

R: ¿Y tú te acuerdas de lo que le cantaste?

A: Entera no. «Qué bonita eres, Esperanza, de este barrio macareno. Con qué alegría y qué [...] te mueven los costaleros. Y mientras que yo esté en la Macarena te diré siempre "te quiero"». La letra que le saqué en el momento. Salió en el momento. Y eso la gente no lo esperaba. Eso la gente no lo esperaba. Pero después de eso, mira: «La luna se paró al verte, los luceros y las estrellas se inclinan, por ver tu cara morena cuando vienes de San Gil, mi Esperanza Macarena». Otro... letras para cantarlas en saetas, porque yo ahora las recito, pero era para cantarlas en saetas. «Placentines. Por la calle Placentines mi Macarena ya va, y le dicen los jazmines: "¡Vivan las de Madrugá!". Con tus varales de plata y tu corona de oro vienes con la multitud, todos te gritan a grito (sic): "¡La más guapa eres tú!"». Me emociono hablando de ella.

J: ¿Tú crees que ella te ha ayudado mucho?

A: Yo creo que sí. Mi Macarena y mi Gran Poder. Mi Sentencia también, pero vamos, soy más devoto del Gran Poder. Esta mañana me ha llamado mi sobrino de La Palma. Hablando de las Vírgenes, porque la patrona de mi pueblo es la Virgen del

Valle. Dice: «Para ti será la Macarena». Digo: «La Macarena es la principal. Pero vamos, la patrona de aquí, de Sevilla, es la Virgen de los Reyes, ¿eh?». Todo eso hablé con mi sobrino esta mañana.

R: La Virgen de los Reyes está también como tú sentada en la silla.

A: (*Se ríe y se coloca el vaso de cerveza que tiene en la mano en la misma posición donde la Virgen de los Reyes tiene la imagen del Niño*) Saca más afotos, ¿no?

R: Pero te quería preguntar si la primera vez que la viste fue en la iglesia o en la calle.

A: En la calle. Me gustaba siempre verla en la calle. En la iglesia me gustaba lo mismo, pero me gustaba más... no por el bullicio de la gente, sino por verla. Y te mira, te mira. Te crees que no y te ve hasta con el rabillo del ojo. Palabra de honor.

R: Tú la llevas viendo mucho tiempo, habrás visto cuando se han estrenado los mantos.

A: (*Asiente*) La Macarena tiene un manto, por lo menos lo tenía, con todas las clases de verduras de la plaza. Y cuando la vistieron de negro, no se crea la gente que era porque murió Joselito el Gallo. Por la guerra, por los muertos que hubo en la guerra. Y Joselito el Gallo porque era muy hermano de ella, de Gelves, Joselito es de Gelves, y como le compraba tantas cosas y eso pues le han puesto más fama. [Fue] por los muertos que hubo y la gente decía que fue por Joselito el Gallo. Tiene fotografías que está vestida de negro, nada más que con la corona de arriba. Yo sabía la canción de Joselito el Gallo y

se me ha olvidado todo. «Aquella tarde Sevilla / se
puso toda amarilla / quebradita de color...». [...]
(*Antonio canta al completo Silencio por un torero, de León,
Quintero y Quiroga, 1963*)

R: ¿De quién era esta canción, Antonio?

A: (*Emocionado*) De Juanita Reina.

J: Juanita Reina también era muy macarena. ¿Tú lle-
        gaste a verla?

A: Yo la he visto muchas veces en el teatro. Paraba
        mucho ahí en el Umbrete. Venía muchas veces con
        el marido y el hijo. [...] Los padres [de Juanita] se
        fueron a vivir a Fray Isidoro de Sevilla. La Juanita
        a lo primero vivía en la calle Tetuán, Tetuán no...,
        una academia que había ahí en la Alameda. Des-
        pués cuando se casó se fue la Juanita a Los Reme-
        dios a vivir, a la calle Asunción, que puso el marido
        la academia. La Juanita nació en la calle Torres,
        pero para darle más fama a eso dicen que nació en
        la calle Parras. Pero vamos, está cerca. Pero vamos,
        como era tan macarena. Porque era muy macare-
        na la Juana, y el padre y los hermanos, todos ellos.
        Yo soy macareno y soy de La Palma del Condado,
        no soy de Sevilla. ¿Y qué pasa? Orgullo. Pero va-
        mos, que yo soy también mucho de la Esperanza de
        Triana, ¿eh? Y mi Amargura. «Miradla por donde
        viene / como una rosa de seda / San Juan a pasito
        lento / va caminando a su vera / desde Sevilla sus
        rejas / se emborrachan de hermosura / y cantan por
        seguirillas / al paso de la Amargura. / ¿Quién te
        puso en tus mejillas / un clavel de desventura, / que
        ahora vas tan amarilla / por las calles de Sevilla /

María de la Amargura?». (*Se emociona*) Otra saeta.
Yo las escribía y ahora no soy capaz ni de escribir
mi nombre.

J: ¿Esta la compusiste tú?

A: No, esta era de Quiroga, de Rafael de León, ya ni
me acuerdo.

R: ¿A ti te gustaban más las Vírgenes o los Cristos?

A: Depende. (*Se ríe*) El Cristo no va a ir en tanga. (*Se
ríe*) ¿Tú sabes que el Gran Poder tiene sus partes
hechas y todo, eh? Eso no lo sabe mucha gente. Está
completo. Tiene también sus partes de... Y los huevos, de madera. Vamos, que es completo. Y Pasión
también. «Pasión te llama Sevilla / y de pasión eres
un clavel. / Hincad, hermanos, las rodillas, / y ad-
mirad qué maravilla / de Martínez Montañés, / que
también lo hizo en Sevilla». Sabía mucho, se me
han olvidado todas las cosas esas. No es como yo
las recitaba antes, porque ahora se me traba hasta
la lengua.

J: Lo estás haciendo muy bien, a nosotros nos gusta,
por lo menos.

A: Y a quien no le guste... (*Se ríe*)

R: La Semana Santa ha cambiado mucho. ¿Tú cuando
la ves por la tele es igual a cuando tú la veías?

A: Me harto de llorar y la quito. Hombre, las caras de las Vírgenes están más arregladas, menos
años, más jóvenes. El que está más viejo soy yo.
(*Se ríe*) Rafa, te digo eso por reírme, porque las
Vírgenes cuando se les pone la [cara] negra las

restauran. (*Serio*) Pero vamos, que soy muy creyente, ¿eh? Hoy hemos estado hablando, con la que viene[2], de las obras de los teatros y las películas y eso, porque, ¿tú sabes que Marisol hizo una serie de la televisión muy famosa? Doña Mariana Pineda. Una de Granada que por guardar la bandera de aquella época le cortaron el pescuezo. Y esta mañana estuvimos hablando de eso, pero de eso hace mucho tiempo, le dije yo a la que viene.

R: ¿Tú tenías a algún amigo que vistiese Vírgenes?

A: Eso en La Palma, era yo más chico. Aquí el que ha vestido siempre a la Macarena era el Garduño. [...] Y la Juanita Reina fue camarera de la Virgen muchos años.

R: ¿Tú le has regalado alguna vez algo a la Macarena?

A: (*Niega*) Yo era muy pobre, Rafa. No, yo esas cosas, no. Porque yo era muy amigo también de Maestre, sastre, modisto, ese le hizo una túnica a Pasión, estando yo pintándole a él en su casa. Ese vivía en la calle Matahacas, no sé si vive o no vive, un mariquita famoso, que era de Sanlúcar de Barrameda, pero vivía aquí en Sevilla y yo le pinté muchas veces su casa.

R: ¿Y todos tus amigos eran macarenos?

A: No, hombre, había algunos trianeros, que yo conozco mucha gente [de Triana] que le gusta más la Macarena y aquí a la inversa. Ahora hay más pique, no pique, que están más repartidas la hermanda-

---

2 Se refiere a la mujer que trabaja limpiando su casa.

des, a ver quién sale mejor..., y entonces no existía eso. Por lo menos, hace más de sesenta años.

R: ¿Todos tus amigos mariquitas eran de aquí de Sevilla?

A: Había uno en la calle Maravillas que era también de un pueblo, de Chucena. Vivía antes en Triana, pero era de Chucena y yo era de La Palma. Luego se vino aquí a la calle Inocentes. No, en la calle Inocentes viví yo unos cuantos de años, en el 14, él vivía en la calle Maravillas. La calle Inocentes es donde está el ambulatorio de los médicos, antes no tenía ni salida.

R: ¿A tus padres tú les dijiste que eras mariquita?

A: ¿A mi padre se lo voy a decir? ¿Mi padre no me veía? ¿Mi madre, mis hermanas, no iban a saber que yo era mariquita? ¿Cómo no lo van a saber? Lo que yo no vi nunca a mi hermana era la menstruación o los paños —porque ahora hay muchos adelantos, antes no había tantos adelantos—. Yo no vi nunca lavar a mis hermanas lavar un paño con la sangre de la menstruación, lo lavarían de noche. Nunca, ni mi hermano, y dormíamos dos varones y mis hermanas.

R: ¿Para ti cuál es la diferencia entre un macho y un mariquita?

A: (Se ríe) ¡Hombre! Que al mariquita le gusta el macho, y al macho si le gusta el mariquita... si no, no se acuestan. Si te refieres... porque el mariquita tiene lo mismo que el macho, más o menos...

R: Pero, ¿para ti qué es un macho? ¿Qué ves tú para pensar: «este es un macho» o «este es un mariquita»?

A: (*Se ríe*) ¡Es que me dices unas comparaciones! [...] Porque al macho no le gusta que le den por detrás ni por delante, aunque al mariquita le gusta que le den por todos los lados, digo yo.

JP: ¿También por el amaneramiento que tenían?

A: Sí, hombre, pero es que hay mariquitas que son más bastos que un... (*Se ríe*) En mi época se decía ademanes, ademanes. Yo eso ahora no lo distingo porque yo veo muchos tíos que tienen más ademanes que yo muchos más, sin embargo...

JP: ¿Tú veías a alguien y ya sabías si ese era del gremio o no?

A: (*Se ríe*) ¿El que era maricón? Por los andares. Ancho de espalda y estrecho de culo, maricón seguro. Eso es de mi época. Los dichos viejos no se dejan de decir nunca. (*Se ríe*) Algunas veces el tío decía: «¡Coño, tápate, tápate eso!». Fíjate, con veinte años, y a mí hasta los sesenta se me ha puesto para arriba. No es muy grande, pero vamos, juguetona.

J: Y el macho te decía que te la taparas.

A: «Ponte un cartón o una toalla».

J: Porque los machos no querían ver eso.

A: (*Se ríe*) No, querían ver el ojal. El agujero. (*Preocupado*) Rafa, mira que te he dicho que tengo muy poca vergüenza.

R: No te preocupes, aquí todos tenemos muy poca vergüenza.

A: Pero se enteran mis vecinos...

R: Están curados de espanto.

(*Antonio se ríe*)

R: ¿Los mariquitas vestían diferente a los machos?

A: La ropa de los mariquitas siempre ha sido más llamativa, ¿no? Pero vamos, los movimientos del cuerpo, varían los del mariquita al tío, al macho (*Se ríe*) Porque... (*Se toca bruscamente la entrepierna, imitando a un macho, pone una expresión como de enfado con la cara mientras se ríe*) y el mariquita: «¿A quién pillaré, a quién pillaré?». (*Se ríe*)

J: Los machos para decirle a un mariquita que querían tema se tocaban el paquete.

A: (*Se ríe*) «¿De dónde vienes? Voy de Villanueva hasta Bollullos, y cuando venga rasca rasca aquí que esto es tuyo». (*Se ríe*) Esos son los refranes de los machos de la época. Y yo digo: «¿Rascarte? Lo que te la voy es a arrancar». (*Se ríe*) Los refranes, Rafa, no refranes, dichos, como decís ahora... Es que han variado tanto todas las cosas que yo ya..., yo me hago un lío con las cosas, yo ya no sé si soy mariquita o soy un extraterrestre. ¿No has visto ahora lo que dicen? ¡Los gazpachos con tomates rosas! (*Se ríe*)

R: Esta foto es muy chula, Antonio, en Fin de Año con un muchacho. [*Se refiere a la imagen de la página 138*]

A: Ese niño tenía ahí veintiún años.

J: ¿También era mariquita?

A: No, ese es el que tenía (*Baja la voz*) muy buena polla. Si era mariquita o no, estaba bien dotado. Que hay mariquitas que están bien dotados, ¿eh? Porque la Gran Señora tenía... (*Se ríe*) Vamos, que yo no hice... pero vamos.

R: ¿Esta foto es otro Fin de Año, no?

A: (*Asiente*) ¡Esa es la Macarena! Esa vivía en Duque de Montemar.

R: ¡Qué bonitos los vestidos! ¿Los vestidos los guardabais, os los prestabais...?

A: A los dos o tres meses de eso los vendíamos por nada y menos. Entonces yo tenía un ropero más chico que este, o igual de chico que el que tengo ahora.

R: En esta foto tienes el pelo más oscuro.

A: Porque algunas veces me lo teñía de negro.

R: ¿Esta foto [*Imagen de la página 34*] es de alguien a quien le hicisteis el vestido de novia, no?

A: Ese está muerto ya también, este es Manuel Polanco, el marido. Este soy yo.

R: ¿Le hicisteis el vestido de novia a la mujer?

A: Sí. Se llamaba Belzabé, le decíamos Beli. Y él se llamaba Manuel Muñoz Polanco.

JP: ¿Quién eres tú ahí?

A: (*Se señala*) Este, coño. Estaba vestido de macho, con un abrigo. He usado siempre muy buena ropa. Ese era yo, tendría diecinueve, veinte años, recién venido aquí. Ese fue de los vestidos de después de la mili, con veintiuno, veintidós años.

J: ¿Tú tuviste que hacer la mili y todo, no?

A: Claro, coño. En la Real Maestranza. Entonces para la instrucción había que ir donde está..., pasando Torreblanca, en Las Pardillas, un destacamento que le decían Las Pardillas. ¡Ojalá estuviera otra vez en la mili! Porque tenía muy buenos amigos y muy buenos nabos. Y huevos gordos. (*Se ríe*) Al que le colgaban más se los veías por las calzonas.

J: ¿Y en el destacamento se metían con los mariquitas?

A: (*Niega con la cabeza*) Conmigo nunca, jamás en la vida. Nada. A mí me querían como a un familiar suyo, o como a un niño, entonces, fíjate, parecía yo que tenía mucha menos edad. [Yo hacía] lo que hacían los demás, las guardias de noche (*Se ríe*) con la luna. (*Canta:*) «La luna, la luna, ya está en el bote». Había uno de Córdoba —bueno, de Córdoba había por lo menos tres o cuatro—, uno [que] se llamaba —no sé si ha muerto, si vive, larga vida al César— (*Se ríe*) Yo no he visto nabo más perfecto y más largo.

J: ¡Es que en Córdoba los muchachos son muy apañados!

A: (*Se ríe*) ¿Tú eres de Córdoba?

J: No, yo soy de un pueblo de Cádiz.

A: ¡Uh! ¡Cádiz! (*Canta*) «Aquellos duros antiguos...». (*Se ríe*)

J: Yo soy de Arcos de la Frontera.

A: ¡Uh! ¡Ahí había un mariquita muy famoso!

J: La Chen.

A: ¡Manolita Chen!

J: Todavía está viva.

A: Pues ese tiene que tener un siglo. No, pero la Manolita Chen era muy guapa. Yo para estar guapa me tenía que disfrazar. Pero te digo que la Manolita Chen ha seguido siendo mujer siempre, toda la vida. Se cortó el nabo, creo. Adoptó últimamente unos pocos de niños. Pero vamos, yo en persona no la conocí nunca.

R: ¿Tú querías ser padre, Antonio?

---

* Sobre la imagen: Antonio, a la derecha del todo; junto a él, la Gran Señora y detrás de ella, Manolito Díaz.

A: No pensé en aquella época eso. Yo querría que me hubiese hecho los niños o las niñas a mí también, pero como no podía porque soy estéril...

R: En esta foto [*Imagen de la izquierda*] también estás muy guapo, Antonio.

A: Esta es la Gran Señora. Aquí me parezco a El Cordobés. Esto es un bodegón que le decían Santa Marina. En la calle Bordador Rodríguez Ojeda. Esta es la hermana de la que se ha muerto. Esta es una cuñada de esta, y este es Manolito Díaz, de San Bernardo. Le decíamos nosotros la Negra. Tocaba los palillos y bailaba. De joven yo tenía las cejas que parecía que me las depilaba. Pero ya no tengo ni aquí (*Se señala las cejas*) ni aquí (*Se señala la entrepierna y se ríe*). Si ahí hay alguno me lo voy a poner aquí, me voy a hacer un injerto.

[*Sobre la imagen de la página 16*]

R: ¿Esta quién es? La Lola.

A: Un anuncio para la pintura.

J: ¿Y te gustaba a ti Lola Flores?

A: ¡Uh! Todo los días me llama una prima hermana de ella que vive aquí en Sevilla. Todos los días. No sé cómo no... ¿qué hora es? A esta hora me llama siempre. Yo bailaba muy bien por la Lola. [...]

[*Sobre la imagen de la página 67*]

A: Mi padre [se llamaba] Nazario. Y mi madre María Pérez. Pero vamos, yo no me encuentro parecido a mi padre ni a mi madre —hombre, estoy disfrazado—, y ese es mi pelo, mi mismo pelo, siempre. Yo nunca para vestirme me he puesto peluca. Ahí

tendría veinticinco años. Llevaba ya aquí en Sevilla cinco o seis años.

J: ¿Y los estudios que te hacían las fotos, qué estudios eran?

A: Aquí en la calle Feria.

J: ¿Y les daba igual que tú fueras disfrazado?

A: Claro, yo iba allí así vestido. Andando desde la Macarena a la calle Feria.

J: ¿Y no te decían nada por ir por la calle así?

---

* Sobre la imagen: Joaquín, con traje gris, a la derecha del todo. Antonio, con traje marrón de cuadros, en medio de la imagen; entre él y la novia, con camisa blanca abierta y chaqueta, la Macarena

A: ¿Me decían? Me querían meter la polla por la calle. (*Se ríe*) Decían: «¡Tía, te comía!». Y los mariquitas: «¡Cabrón, que no es una tía, que es un maricón!»; los amigos que venían a la vera. (*Se ríe*). Se creían que yo era una gachí.

A: [*Sobre la imagen izquierda*] Hicimos el traje y fuimos a la boda. El Joaqui, la Gran Señora y la Macarena también. Mira el cuerpo que tenía mi amigo. Uno noventa y dos. Después se puso más gordo.

JP: Tú le decías «amigo», nunca «novio».

A: Nunca. Él me decía a mí siempre «mi chico», porque como era menudito, y yo a él siempre Joaqui. Él se llamaba Joaquín García Palomas. Sus apellidos y su nombre. Él nació en la calle Goles y yo nací en la Palma del Condado.

J: ¿Cómo os conocisteis?

A: Pues aquí, en la tasca, hablando... Él era pescadero, paraba ahí con muchos amigos que eran pescaderos y entonces nos conocimos. Nos llevamos también como amigos mucho tiempo saliendo, bebiendo copas. Pero una Nochevieja nos acostamos y así estuve con él cincuenta y ocho años.

JP: Que eso es muy raro, Antonio, porque...

A: Eso me dice todo el mundo. Ni las mujeres mujeres están con el marido tanto tiempo. Y yo desde que me acosté con él —creo que fue una vez, pero nada más que una vez—, jamás en la vida. Yo lo tenía a él satisfecho todo el año, ¿para qué iba a ir en busca de...?

R: Mira esta foto [*Imagen superior*] qué chula, tú con Joaquín y la Macarena, ¿no?

A: Eso es en una escalinata allí en Sanlúcar. Iba con tacones. [Los trajes] también los hicimos yo y la Gran Señora. Una semana echábamos [en hacerlos]. Todo eso lo hemos hecho, además de pintor y de empapelador y de albañil. Porque yo, menos robar, he hecho de todo.

J: Había que buscarse la vida.

A: Y era más feliz que ahora. Ahora que pago aquí poco no soy tan feliz porque me veo como me veo. Todo no voy a tener en la vida. He tenido mi juventud, muy buenas amistades, mucha gente querién-

---

* Sobre la imagen: Fotografía 10. De izquierda a derecha: Joaquín, Antonio y la Macarena.

154

dome, y todavía tengo gente que me quiere, toda la que viene aquí todos los días a hacerme las faenas. Pero yo no tengo esa ilusión que tenía antes.

A: [*Imagen superior*] Ahí es donde viene esa de la Amargura. Todo eso lo hizo Rafael de León.

JP: ¿Cuál es la folclórica que te gustaba más?

A: A mí me gustaban todas. La Lola porque bailaba muy bien, tenía otra gracia que no tenía otra gente. Pero vamos, todas. Cantando Marifé y Rocío son únicas. La Jurado. A mí me gustaba mucho Marifé, Paquita Rico, la Juanita.

J: Carmen Sevilla.

---

* Sobre la imagen: disco de saetas de Antoñita Moreno.

A: Esa... Esa cantaba: «Yo soy Carmen la de España...». Todavía vive. Ella no conoce a nadie, no conoce ni al hijo. Pero vamos, no ha muerto todavía porque cuando muera lo dirán ochenta mil veces.

[Un vinilo de Héroes del Silencio]

JP: ¿Este vinilo es tuyo, Antonio? ¿Te gustaba Héroes del Silencio?

A: Me gustaban menos. (*Se ríe*) Pero no le podía decir a mi amigo que no porque antes que le decía las cosas estaba el disco en casa. (*Se emociona*) Yo no podía decir que me gustaba una cosa porque el día siguiente ya estaba... —allí en la calle Macasta—. Y si le decía que me gustaba un pescado, me traía cajas hasta que lo aborreciera el pescado. Como era pescadero.

[Un vinilo de marchas para cornetas y tambores de Semana Santa]

A: ¡Uy! Eso a mi amigo le encantaba.

[Sobre la imagen de la página 38]

A: Este es Vicente, este soy yo, la Gata y la Macarena. Ese año no me vestí yo de dama, iba de caballero. [La Gata], la cara era la Bette Davis. Le puso como un adorno por delante al vestido. Íbamos los tres mariquitas...

R: *[Imagen de la página 60]* ¿Ese vestido también lo hiciste tú con la Gran Señora?

A: Sí. Fíjate cómo estaba yo de delgada. Pero el culo lo tenía muy respingón. (*Señalando al amigo*) Y este tenía muy buen cuerpo, el Manuel, de cara era más feo que un *bujero*, pero de cuerpo, tenía un cuerpazo. Yo lo que sea de las personas se lo doy.

A: *[Imagen de la pagina 103]* Ese soy yo con otro mariquita. Antonio Barragán, pintor también. Tenía menos pelo que... Entonces le hablaba yo a..., no

hablarle, me acostaba con uno que se llamaba Salva, Salvador. No sé si vive. Y cuando vio esta foto dijo: «¿Ese tan feo vas a poner a tu vera? ¡Rompe eso! ¡Quita a ese de la vera tuya!». (*Se ríe*) Y yo tenía mucha amistad con el mariquita; amistad de amigos, de beber y de pintar.

R: [*Imagen superior*] ¿Y aquí? Un caramelito.

A: Pues ese niqui me costó cinco duros. Ahí [estoy] con el rizo como la Estrellita Castro. Ahí tenía yo tam-

---

* Sobre la imagen: Retrato de Antonio joven. En el reverso encontramos una dedicatoria escrita por él mismo para su amigo cordobés de la mili —«Para mi mejor amigo Muñoz. Cariñosamente de su mejor amigo Antonio Millán»— y un sello que indica el estudio en el que se tomó la instantánea: «Foto Bellido. Reportajes gráficos. La Palma»

bién eso, veintidós o veintitrés años, no tenía más. Mira qué cejas y mira qué... sin untarme... natural.

R: Está dedicada por detrás. [*La dedicatoria, escrita por Antonio, reza: «A mí mejor amigo Muñoz Cariñosamente de su mejor amigo Antonio Millán»*]

A: Ese es uno de Córdoba. (*Se ríe*) Muñoz Muñíz.

[*Imagen de la página 63*]

A: Ya estaba yo recién salido de la mili. Mira qué brazo tenía... Esto es en San Gil, viviendo en San Gil en una habitación. (*Señala en la foto*) Esto es un ramo de flores. Esto es una ventana que tenemos una cortina de cretona. ¿De cretona sabes tú lo que era, no? Una tela muy endeble, con muchos *ramarajos*.

[*Imagen de la página 39*]

A: Esta se la dedicó a mí y a Joaquín, creo. Aquí está muy bien la Macarena, también. Porque la mirada siempre ha sido triste, pero vamos, aquí está muy bien. Eso sí era peluca.

R: ¿Era de aquí, de San Gil?

A: La Macarena vivía en Duque de Montemar.

J: Está dedicada para ti y para Joaquín porque pone aquí: «Para Antonio y Quini».

A: Quini le decía a mi amigo.

R: [*Imagen de la página 12*] (*Lee el reverso*) 21 de febrero de 1964.

A: Y yo serví en el 60, pues hacía tres o cuatro años, coño. A mí, Rafa, se me pueden ir las cosas de la cabeza, pero yo soy de la quinta del 60. Y eso es el 64, cuatro años más, o tres. Yo tenía muy buena ropa y muy buenos trajes, ¿eh? Para salir a la calle me gustaba... Y lo mismo se venían los tíos. Vestido de mujer se venían más ligero, pero así también se venían.

R: ¡Hombre, con esta carita!

A: Que si te digo por alabarme, que no, que me muera ahora mismo.

R: Pero tú todo esto lo tienes que guardar como oro en paño, ¿eh?

BIBLIOGRAFÍA CITADA

ACOSTA DÍAZ, Josefa, Manuel José Gómez Lara y Jorge Jiménez Barrientos (eds.), *Poemas y canciones de Rafael de León*. Sevilla: Ediciones Alfar, 1997.

AGUILAR, Encarnación. *Las hermandades de Castilleja de la Cuesta. Un estudio de antropología cultural*. Sevilla: Ayuntamiento de Sevilla, 1983.

ALTMAN, Dennis. «On Global Queering». *Australian Humanities Review*, no. 2 (1996), http://australianhumanitiesreview.org/1996/07/01/on-global-queering/#2. (Consultado el 4 de julio de 2022)

ARBIDE, Joaquín. *La Sevilla golfa. Historias de una ciudad que se liberó a sí misma*. Sevilla: El Paseo Editorial, 2019.

BERZOSA, Alberto. *Homoherejías fílmicas: cine homosexual subversivo en España en los años setenta y ochenta*. Madrid: Brumaria, 2018.

BINDING, Paul. *García Lorca o la imaginación gay*. Barcelona: Laertes, 1987.

BURGOS, Antonio. *Guía secreta de Sevilla*. Madrid: Editorial Al-Borak, 1974.

CÁCERES FERIA, Rafael y José María Valcuende del Río. «Globalización y diversidad sexual, gays y mariquitas en Andalucía». *Gazeta de Antropología* 30, no. 3 (2014), http://www.gazeta-antropologia.es/?p=4621. (Consultado el 5 de julio de 2022)

CERNUDA, Luis. *Ocnos*. Sevilla: Editorial Renacimiento, 2014.

CHAVES NOGALES, Manuel. *Semana Santa en Sevilla*. Editorial Almuzara, 2018.

CONEJERO, Alberto. «Seminario de ALBERTO CONEJERO: Puntos cardinales de la escena. 1: El deseo #AISGEcontigoFormación» Somos AISGE. 2 de junio de 2020. Vídeo, 13m52s. https://www.youtube.com/watch?v=8L9Y8zVbwC8.

Corridas de alegría, dirigida por Gonzalo García Pelayo (1982; Galgo Films S.A.).

DÍAZ, Abel. «Los "invertidos": homosexualidad(es) y género en el primer franquismo». *Cuadernos de Historia Contemporánea* 41, (2019), https://doi.org/10.5209/chco.66118. (Consultado el 25 de agosto de 2022)

¡Dolores, guapa!, dirigida por Jesús Pascual (Sevilla: 2022; Sala 46 Films).

FERNÁNDEZ GALEANO, Javier. «Mariquitas, 'Marvellous Race Created by God': The Judicial Prosecution of Homosexuality in Francoist Andalusia, 1955-70». *Journal of Contemporary History* 57, no. 3 (2022), https://doi.org/10.1177/00220094221099858. (Consultado el 13 de junio de 2022)

GARCÍA, Xenia. «Caprichos del destino y otras casualidades». *Tantas palabras, y tan poco tiempo* (blog). Publicado el 9 de septiembre de 2013. (Consultado el 20 de julio de 2022). http://www.xeniagarcia.com/caprichos-del-destino-y-otras-casualidades/

GARCÍA GARCÍA, Lidia. *¡Ay, campaneras! Canciones para seguir adelante*. Barcelona: Plan B, 2022.

GARCÍA PIEDRA, Juan Carlos. «Género gramatical y género erótico en la poesía de Rafael de León». *Scriptura*, no. 19 (2008), https://raco.cat/index.php/Scriptura/article/view/189159. (Consulado el 8 de junio de 2022)

HURTADO BALBUENA, Sandra. «Aspectos léxico semánticos de la copla española: *Poemas y Canciones* de Rafael de León». Tesis doctoral, Universidad de Málaga, 2003. http://hdl.handle.net/10630/2721

La Esmeralda, historia de una vida, dirigida por Joaquín Arbide (1981; Bartrès S.A.).

«La Hermandad de la Macarena incorpora mujeres por primera vez en la "madrugá"». *El País* (Sevilla). 13 de abril de 2001.

LEÓN, Rafael de. *Pena y alegría del amor*. Madrid: Casa Ayora, 1941.

Los placeres ocultos, dirigida por Eloy de la Iglesia (1977; Alborada P.C.).

MACHUCA, Félix. «El Gran Simón: sin miedo a volar». *ABC* (Sevilla). 11 de marzo de 2018. https://sevilla.abc.es/opinion/sevi-gran-simon-sin-miedo-volar-201803111241_noticia.html.

Madre amadísima, dirigida por Pilar Távora (2009; Artimagen Producciones, S.L., Atrium Digital).

MIRA, Alberto. *De Sodoma a Chueca. Una historia cultural de la homosexualidad en España en el siglo XX*. Barcelona: Editorial Egales, 2007.

MORENO RODRÍGUEZ, Isidoro. *La Semana Santa de Sevilla: conformación, mixtificación y significaciones*. Sevilla: Instituto de la Cultura y las Artes, 2006.

RICH, Adrienne. «When We Dead Awaken: Writing as Re-Vision». *College English* 34, no. 1 (1972), https://doi.

org/10.2307/375215. (Consultado el 18 de agosto de 2022)

Rocío, dirigida por Fernando Ruiz Vergara (1980; Tangana Films).

RODRÍGUEZ BECERRA, Salvador. «De ermita a santuario. Generalización a partir de algunos casos de Andalucía». En *Romarías e Peregrinacions*, coordinado por Antonio Fraguas Fraguas, Xosé Antón Fidalgo Santamariña y Xosé Manuel González Reboredo, 111-119. Santiago: Consello da Cultura Galega, 1995.

RODRÍGUEZ BECERRA, Salvador. *La religión de los andaluces*. Málaga: Editorial Sarriá, 2006.

SIEBURTH, Stephanie. *Coplas para sobrevivir. Conchita Piquer, los vencidos y la represión franquista*. Madrid: Ediciones Cátedra, 2016.

SOLER SUMMERS, Gillermo. «Ocaña expondrá en Palma. "Cambio de atuendo por naturaleza"». *Diario de Mallorca* (Palma). 9 de diciembre de 1978.

TURNER, Victor. *The Ritual Process: Structure and Anti-Structure*. Ithaca: Cornell University Press, 1991.

Una pareja... distinta, dirigida por José María Forqué (1974; Producciones Cinematográficas Orfeo).

AGRADECIMIENTOS

Este libro es una adaptación de mi Trabajo de Fin de Máster, titulado originalmente *Romance de las otras: amor y deseo en un mariquita andaluz a través de las coplas de Rafael de León*. Me mudé de Sevilla a Madrid en septiembre de 2021 para cursar el máster y, cuando vuelvo a leer este ensayo, me acuerdo de muchas personas clave durante ese curso. Quiero dar las gracias a algunas de ellas.

Gracias a mis padres y mis hermanos por los esfuerzos que hicieron para que pudiera irme a estudiar a Madrid.

Gracias a mi tutora, la profesora María Rosón, que compartió mi emoción por la historia de Antonio, me disuadió de cualquier síndrome del impostor y me acompañó con todo el cariño del mundo mientras llevaba a cabo esta investigación.

Gracias a mis amigas Paula García Robleño y Rocío Simón, que se leyeron este texto cuando yo tenía ya la cabeza frita. Gracias también a Adrián Lumbreras, con quien hice la última revisión, la más divertida.

Gracias a Rodrigo García Marina y a Carlos García de la Vega por estar siempre pendientes.

Gracias a todas las amigas y compañeras con las que salí a fumar en las tardes de biblioteca; gran parte de este texto se armó hablando con vosotras.

Gracias a mis niñas de la Casa Faiser, que no me dejaron solo en mi primer año fuera de Sevilla.

Gracias a Miranda, Aleix y Mario por ese mes de julio en el que nos lo pasamos tan bien llorando juntitas.

Gracias a Rafa Rojas Rufino, entre otras cosas, por ser un mariquita andaluz.

Gracias a María y a Elena por haber cantado conmigo.

Gracias a Sandro por quererme tan bien.

Gracias a Manoli, Rafa, Adrián, Javier y Belial por saberse de memoria el vídeo de Rocío Jurado interpretando *Con ruedas de molino* en Azabache.

Y gracias a todas las travestis que han hecho y siguen haciendo *playbacks* de coplas en sus espectáculos.

Madrid, julio de 2023

ÍNDICE

Querer como las locas:
pasiones maricas ocultas en
la copla de Rafael de León
de Jesús Pascual,
compuesto con tipos Montserrat en créditos
y portadillas, y Cormorant Garamon
en el resto de las tripas,
bajo el cuidado de Dani Vera,
se terminó de imprimir
el 15 de agosto de 2023.

LAUS DEO